Jutta Weber-Bock
Autobiografisches Schreiben

Schreiben im Alltag? – Zeit finden!

Schreibratgeber Libelle

Blitzschnell huscht etwas durch unseren Kopf. Libellen helfen, Ideen zu fangen, und schenken Ihnen eine Rundumsicht. Wer könnte das besser als sie, es gibt Libellen seit 300 Millionen Jahren. Erfahren Sie das Glück im Schreiben, pfeilschnell wie die Libellen im Flug. Finden Sie neue Wege zur Kreativität. Wagen Sie es und schaffen Sie sich Freiräume. Schreiben Sie.

Über dieses Buch

Die Serie „Autobiografisches Schreiben" umfasst drei Teile. Ziel ist es, etwas so aufzuschreiben, dass es auch andere erreicht. Dieser erste Band widmet sich mit 33 Schreibimpulsen dem Thema „Schreiben im Alltag? – Zeit finden!" Schon ein paar Minuten können sehr lang sein und Ihnen einen großen Raum für Texte bieten. Lassen Sie sich vom Schreiben Zeit schenken und vertrauen Sie sich Ihrem Stift an. Fangen Sie an und springen Sie ins Wasser. Sie werden nicht ertrinken.

Über die Autorin

Jutta Weber-Bock, Schriftstellerin und Schreibcoach seit über 30 Jahren; Lehraufträge an der Universität Stuttgart und der Hochschule für Medien Stuttgart; mit einer Liebe nach Stuttgart gekommen und aus Liebe zur Stadt geblieben.
2006 erschien ihr Handbuch „Autobiographisches Schreiben", das sie nun überarbeitet und erweitert hat.

Jutta Weber-Bock

Autobiografisches Schreiben

Band 1

Schreiben im Alltag? – Zeit finden!

edition heusteig

Ergänzte und überarbeitete Auflage des Buches Autobiographisches Schreiben, Ein Handbuch für Schreibende und Kursleitende, Waldburg, 2006.

Bibliografische Information der Deutschen Nationalbibliothek: Die Deutsche Nationalbibliothek verzeichnet diese Publikation in der Deutschen Nationalbibliografie; detaillierte bibliografische Daten sind im Internet über https://dnb.dnb.de abrufbar.

Verlag: BoD · Books on Demand GmbH, In de Tarpen 42, 22848 Norderstedt

Druck: Libri Plureos GmbH, Friedensallee 273, 22763 Hamburg

ISBN: 978-3-7597-5113-3

Inhaltsverzeichnis

Vorwort

Die Reihe *Schreibratgeber Libelle* bietet ein breites Spektrum. Finden Sie Ihr Herzensthema und folgen Sie ihm. Das Schreiben wird Sie reich beschenken.

Ich beginne mit der Serie „Autobiografisches Schreiben", da bei mir selbst am Anfang der Wunsch stand, Geschichten aus dem eigenen Leben zu erzählen. Geplant habe ich dazu drei Bände, die Sie Schritt für Schritt zum literarischen Schreiben verführen.

Seit vielen Jahren geistern noch weitere Ratgeber-Serien durch meinen Kopf. Themen wie „Reisen und Schreiben", „Kreatives Schreiben" sowie auch das „Gedichte schreiben" treiben mich persönlich um und fließen in mein Schreiben und meine Kursthemen ein.

In diesem ersten Ratgeber „Schreiben im Alltag? - Zeit finden!" zeige ich Ihnen, wie Sie das Schreiben in Ihr Leben integrieren können. Drehen Sie die tägliche Aufgabenliste um, verschieben Sie die Prioritäten und nehmen Sie sich Zeit für das Schreiben.

Mir ging und geht es dabei nicht anders als uns allen, denn so vieles erscheint im Alltag wichtiger. Immer wieder aber holt mich eine Begegnung zum Schreiben zurück, die mehr als fünfzehn Jahre zurückliegt.

An der Küste der Bretagne hatte eine Libelle in einer Buchenhecke Schutz vor dem Wind gesucht. Gebannt bin ich stehen geblieben. Schillernd grün war sie, die Flügel kräftig braun und doch filigran. Sie flog mir davon, aber plötzlich habe ich ein Krabbeln auf meiner

Schirmmütze gespürt. Ein wenig unheimlich war es, als sich die Widerhaken ihrer Beine im Stoff verhakt haben. Es war das Weibchen einer Blauflügel-Prachtlibelle, wie mir das Foto später verraten hat. Als Bildschirmhintergrund schenkt sie mir seitdem jeden Tag Zuversicht und Freude und bietet mir eine Rundumsicht.

Wer könnte das besser als Libellen, es gibt sie seit 300 Millionen Jahren. Für die Kelten waren sie kleine, fliegende Drachen. Feen und Elfen nutzen sie bis heute als Flugzeuge, heißt es. Versuchen auch Sie es mit ihnen.

Es verheißt Glück, wenn sich eine Libelle auf dem Kopf niederlässt, habe ich gelesen. Und so wurde sie zum Symbol für meine *Schreibratgeber Libelle*.

Seit dem Urlaub in der Bretagne habe ich das Glück im Schreiben erfahren dürfen. Ich möchte es mit Ihnen teilen und nicht für mich behalten.

Nutzen Sie meine Expertise und schöpfen Sie aus den Schreibimpulsen in diesem ersten Band. Die Themen sind modular aufgebaut. Beginnen Sie am Anfang oder steigen Sie direkt in ein Kapitel ein. Der Spaß am Schreiben steht im Vordergrund.

Lassen Sie sich inspirieren von den Beispielen und Zitaten und lesen Sie nach in den Quellen. Folgen Sie den Spuren, die ich für Sie ausgelegt habe. Erreichen Sie auch andere mit Ihren Geschichten.

Siegfried Lenz schreibt dazu: „Ich merkte früh, daß Erfahrungen allein nicht ausreichen, wenn sie nicht durch Erfindung beglaubigt werden. [...] Erst durch Verwandlung, und das heißt: durch Erfindung, erhält gemachte

Erfahrung eine Chance, auf langfristige Weise »wahr« zu werden.“[1]

Die sechs Kapitel dieses Buches leite ich jeweils mit einem persönlichen Erlebnis ein, wie es Siegfried Lenz beschreibt. Die Dinge sind zwar nicht genauso passiert, doch sie könnten wahr sein.

Als Schriftstellerin schöpfe ich aus dem eigenen Erleben. Ich kann mir nichts ausdenken, was nicht ein reales Zentrum hat. Dem folgen auch die Beispiele.

Umkreisen Sie ebenfalls diesen Kern und reichern Sie das Biografische an. Beim Schreiben erzählen Sie immer von sich selbst, Sie können die eigene Person nicht ausklammern. Folgen Sie den Schreibimpulsen, erinnern Sie sich. Greifen Sie auf Ihre Herkunft zurück und verwandeln Sie Ihr Leben. Die Geschichte Ihrer Familie kann Sie auf eine Spur bringen. Kosten Sie aus, was Sie mit den Jahren geprägt hat.

Lassen Sie sich von den Libellen zur Erfindung verführen und machen Sie das Schreiben im Alltag zu Ihrem Glück. Fangen Sie Ihre Ideen und finden Sie Zeit.

---

1   Siegfried Lenz, Selbstversetzung, Über Schreiben und Leben, Hamburg 2006, S. 47.

Einleitung: Schreiben im Alltag? – Zeit finden!

Unser Alltag ist zwar vielschichtig, bietet aber kaum einen Raum für Kreativität. So sieht es auf den ersten Blick aus. „Ich finde einfach keine Zeit zum Schreiben", das höre ich oft. Dabei schenkt uns das Schreiben kostbare Zeit und gerade in kleinsten Zeiteinheiten steckt eine große Leichtigkeit. Ich war selbst sehr erstaunt, dass ich am meisten schreibe, wenn ich scheinbar keine Zeit habe, aber die Hand in Bewegung halte, wie Nathalie Goldberg sagt. Ohne einen Zeitvorrat drängt mich das Schreiben, denn es möchte in meinem Leben nicht mehr verloren gehen. Also schreibe ich immer, und seien es Notate zwischen zwei Handwerkerfragen oder beim Staubsaugen.

In diesem Band stelle ich in sechs Kapiteln 33 Schreibimpulse und Schreibtechniken vor, die Ihnen helfen, das Schreiben in den Alltag zu integrieren. Es ist ganz einfach, Zeit zu finden. Probieren Sie es aus!

Schon ein paar Minuten können sehr lang sein und Ihnen einen großen Raum für Texte bieten. Vor allem am Anfang macht es eine **Zeitbegrenzung** leichter. In kleinen Momenten lernen Sie das Spielen und Staunen neu. Anlässe gibt es genug. Ein Gegenstand, eine Erinnerung oder ein Geschmack führen Sie zu ersten Schreibskizzen.

Seien Sie offen für alles, was Sie im Alltag finden. Sammeln Sie diese **Fundstücke** in einem Notizbuch. Später können Sie dann darauf zurückgreifen und haben ein Thema zum Schreiben.

Der Alltag ist unerschöpflich in seinen Ideen. Jeden Tag flüstert er uns eine Menge **Stichworte** zum Schreiben ein, die wir nutzen können. Lernen Sie, diese zu erkennen.

Wir sehen und lesen. Unbewusst sickern Worte in uns ein. Zu jeder Zeit und an jedem Ort. Manchmal bleibt eine Formulierung im Gedächtnis hängen. Notieren Sie diese sogleich. Seien Sie aufmerksam und nutzen auch Sie solche **Zitate** als Anlass für das Schreiben.

Begeben Sie sich auf **Spurensuche** in Ihrem Leben. Setzen Sie den Fuß über Schwellen und tun Sie das, was Ihnen schon lange am Herzen liegt. Erkunden Sie Grenzen und schreiben Sie **mit allen Sinnen**.

Es klingt banal, ist es aber nicht: Einen Einstieg ins Schreiben finden Sie am besten durch das Schreiben selbst. Integrieren Sie es in Ihren Alltag, behandeln Sie es als etwas ganz Normales. Schreiben ist: Zähne putzen, Wäsche waschen, ins Büro fahren, einen Nagel in die Wand schlagen, und zwar alles gleichzeitig. Sicher kennen Sie die Erfahrung, dass Ihnen vieles leichter fällt, wenn Sie es regelmäßig tun. Und später sind Sie froh, dass Sie nicht darüber nachgedacht haben. Wie aber können Sie schnell einen Schreibanfang finden?

Springen Sie ins Wasser und erwerben Sie Ihren Freischwimmer, wie es früher hieß. Ich verspreche Ihnen, Sie werden nicht ertrinken. Ein großes Abenteuer wartet auf Sie.

Kapitel 1: Zeitbegrenzung

Autobiografisches: Das große Abenteuer [2]

Sommerferien. Seit Wochen nichts als Sonne.

„Hitzewelle!", titelte die Zeitung.

„Gut, dass wir nicht in den Urlaub gefahren sind. Zu Hause ist es doch am schönsten!", sagten die Eltern.

Mir aber war es langweilig. Welch Glück, dass es ein Freibad gab.

„Du willst also deinen Freischwimmer machen? Und deine Eltern wissen das?", wollte der Bademeister wissen.

Natürlich habe ich heftig genickt, auch wenn es nicht stimmte, dass ich mit den Eltern darüber gesprochen hatte.

„Bleib in der Nähe des Beckenrandes", sagte er und nahm seine Stoppuhr.

Es sollte helfen, sich die Zeit nicht vorzustellen, immer ruhig zu atmen, nicht zu tief zu sacken und nur kein Wasser zu schlucken, einfach weiterzuschwimmen. Der Bademeister setzte sich auf eine Bank und beobachtete ein paar Federwolken. Noch zehn Minuten. Warum verging die Zeit mal langsam und dann schnell? Singen sollte auch helfen, nicht richtig, nur so im Kopf. Noch fünf Minuten, eine Beckenrunde. Wenn bloß das Wasser kühler wäre.

---

2   Jutta Weber-Bock, Wir vom Jahrgang 1957, Kindheit und Jugend, 10. Auflage, Gudensberg-Gleichen, 2020, Seite 31/32.

Der Bademeister winkte und rief: „Jetzt noch der Sprung!"

Einen nagelneuen Freischwimmer, mit Ausweis und Abzeichen, konnten die Urlauber nicht vorweisen, vor allem nicht, ohne dass die Eltern davon wussten.

„Was da alles hätte passieren können! Wären wir nur an die Nordsee gefahren", hieß es.

Es waren Sommerferien mit nichts als Sonne.

Vielleicht erinnern Sie sich an solche Sommerferien und an diesen Zeitvorrat von sechs Wochen, der am Anfang vor einem lag. Doch die Zeit hatte auch damals schon Risse und verging mal langsam und dann ganz schnell.

Und im Laufe unseres Lebens stellen wir uns die Zeit lieber nicht mehr vor, denn wir haben immer zu wenig davon, vor allem, wenn wir schreiben möchten.

„Das Leben wird sich dem Schreiben immer in den Weg stellen"[3], sagt Roberta Allen, aber drei oder fünf Minuten, die stehen Ihnen überall zur Verfügung. Und welch Zeitvorrat ist erst in zehn Minuten verborgen.

Finden Sie Zeit. Es liegt auch in Ihrem Alltag genügend davon herum. Sagen Sie nicht: „Das lohnt sich nicht." oder „Ich habe keine Zeit zum Schreiben." Fangen Sie an.

Am besten ist es, wenn Sie irgendwann nicht mehr darüber nachdenken, wie beim Schwimmen oder Autofahren. Schreiben Sie und begrenzen Sie am Anfang Ihre Zeit. Beginnen Sie mit solchen kleinsten Einheiten.

---

3   Roberta Allen, Literatur in 5 Minuten, Ein Schnellkurs, Frankfurt a. M., 2002, Seite 19.

Egal, wo Sie sich gerade befinden, ob Sie mit der S-Bahn fahren, im Café sitzen oder zu Hause an einem unaufgeräumten Frühstückstisch die Beine von sich strecken, gönnen Sie sich ein paar Minuten. Nehmen Sie einen Stift und einen Zettel. Sie brauchen keinen Füller und kein schönes Notizbuch. Auch ein ausgemustertes Schulheft Ihrer Kinder und ein abgekauter Bleistift führen Sie auf eine Spur. Richtig oder falsch gibt es nicht.

Auf die Idee, die Schreibzeit zunächst auf drei Minuten zu begrenzen, hat mich der bulgarische Schriftsteller Dejan Enev gebracht. Sein Erzählband „Zirkus Bulgarien"[4] trägt den Untertitel „Geschichten für eine Zigarettenlänge", also drei Minuten.

Schreibimpuls (1)
Drei Minuten – eine Zigarettenlänge

Vorbereitung: Nehmen Sie Stift und Papier zur Hand. Nichts Besonderes, wie gesagt, einen zu kurzen Bleistift, ein vergessenes Notizbuch oder einen fleckigen Zettel. Denken Sie nicht darüber nach. Rufen Sie sich eine konkrete Situation ins Gedächtnis, zum Beispiel wie Sie Brötchen beim Bäcker gekauft haben. Vielleicht gibt es auch ein Ereignis im vergangenen Tag oder in der letzten Stunde, das Ihnen plötzlich durch den Kopf huscht. Greifen Sie zu und schreiben Sie.

Schreiben: Schenken Sie sich drei Minuten. Nicht mehr. Folgen Sie Ihrem Stift, wohin auch

---

4   Idee nach Dejan Enev, Zirkus Bulgarien, Geschichten für eine Zigarettenlänge, Wien, 2008.

immer er sie mitnimmt. Lesen Sie zunächst nicht, was Sie geschrieben haben.

Wiederholen: Rufen Sie sich weitere konkrete Alltagssituationen ins Gedächtnis, zum Beispiel, wie Sie zum Briefkasten gegangen sind. Stecken Sie den Schlüssel ins Schloss. Lassen Sie sich überraschen. Schalten Sie den Teil Ihres Gehirns ab, der für ein ausgeglichenes Bankkonto sorgt, und stellen Sie den Kauf der Bahnfahrkarte zurück.[5] Schreiben Sie dreimal drei Minuten hintereinander.

Nehmen Sie sich diese Zeit. Drei Minuten stehen Ihnen immer zur Verfügung und lassen Ihnen keine Zeit für Sorgen, Träume oder Fragen. Probieren Sie es aus.

Mit etwas Übung fließen die Wörter sogar schneller, als Sie diese aufschreiben können. Vor allem beim Tippen auf der Tastatur passiert es mir immer wieder, dass ich vorher nicht darüber nachdenke, was ich schreibe. Seit ich es das erste Mal erfahren durfte, möchte ich nicht mehr missen, wie es *in mir schreibt*.

In meiner Erzählung „Electronic Harem"[6] habe ich es einmal „dieses fliegende Fließen" genannt, „wenn die Fingerkuppen ganz kurz die Tasten berühren und Wörter sich zu Bildern formen. Ein Denken mit den Fingerspitzen und dabei die Zeit verlieren." Es ist wie eine Melodie, die Ihnen unversehens einen Zugang zum Unterbewusstsein gewährt.

5   Idee nach Roberta Allen, a. a. O., Seite 14.
6   Jutta Weber-Bock, Electronic Harem, Erzählungen, Stuttgart, 2015, Seite 155.

Produzieren Sie eine Zeit lang möglichst jeden Tag mehrere Drei-Minuten-Texte, bis Sie einen ganzen Schuhkarton voll gesammelt haben. Fragen Sie sich zunächst noch nicht: Was könnte daraus werden?

Geschichten für eine Zigarettenlänge wären eine Möglichkeit (auch wenn ich Sie nicht zum Rauchen verführen möchte). Im Nachwort heißt es über Dejan Enev: „Über nichts schreibt es sich schwerer als über die Gegenwart, denn damit kennt sich jeder aus. Manch einer sogar besser als der Autor. Sie setzt einem Autor ununterbrochen Grenzen."[7]

Heben Sie diese Grenzen für sich auf. Denken Sie nicht darüber nach, schreiben Sie.

Erinnern Sie sich nach dem Schreiben, wie der kreative Prozess in Ihrer Kindheit mit dem Staunen und dem Erfinden von Geschichten begann. Wir alle kennen es, wie Kinder staunen und fragen, fragen und staunen. So *begreifen* sie ihre Umwelt.

Das Geschichtenerfinden dient dazu, solche Muster erneut wahrzunehmen und die empfundenen Verbindungen anderen mitzuteilen. Lernen Sie das Staunen wieder neu. Bleiben Sie dabei immer am Konkreten.

Dehnen Sie die Schreibzeit auf fünf Minuten aus. Wie oft höre ich es am Tag: „Noch fünf Minuten. Warte mal eben." Warten Sie nicht, vertrauen Sie Ihrer Hand beim Schreiben oder den Fingerspitzen beim Tippen. Gestatten Sie sich einen Freiraum und spielen Sie. Füllen Sie die Wartezeit und lassen Sie den Stift tanzen.

---

7   Dejan Enev, a. a. O., Dimitré Dinev, Nachwort, Seite 230.

Beschaffen Sie sich für später Wolle zum Stricken, wie es mein Schreiblehrer Paul Schuster genannt hat.

Schreibimpuls (2)
Fünf Minuten – Wartezeiten [8]

Vorbereitung: Ärgern Sie sich nicht, dass Ihnen der Bus weggefahren ist oder die Straßenbahn nicht kommt. Nutzen Sie die Gelegenheit. Setzen Sie sich auf eine Bank und nehmen Sie Papier und Stift zur Hand.

Schreiben: Notieren Sie fünf Minuten, was Sie sehen oder hören. Werten Sie nicht, schreiben Sie es auf. Bis der nächste Bus kommt oder eine weitere Straßenbahn einfährt.

Wiederholen: Wie wäre es, wenn Sie den Bus wegfahren lassen, der Straßenbahn hinterherschauen und lächeln? Sehen Sie sich um. Notieren Sie fünf Minuten lang alles, was Ihnen auffällt, und machen Sie sich erst dann wieder auf den Weg.

Auch die Fünf-Minuten-Texte funktionieren wie ein kleiner Besen, mit dem Sie Ihren Kopf ausfegen und frei machen können. Erlauben Sie sich und Ihrem kreativen Gehirn erneut, schöpferisch tätig zu werden.

Bei fünf Minuten haben Sie wie bei drei Minuten keine Zeit, Ihren Verstand um Rat zu fragen oder ihn bewusst auszuschalten.

---

8   Idee nach Roberta Allen, a. a. O.

Schreiben ist Energie und die kurzen Texte scheinen sie zu bündeln. Die Tatsache, keine Zeit zu haben (nicht länger als drei oder fünf Minuten), kann sich positiv auf Ihre Produktivität auswirken.

Stibitzen Sie sich ein paarmal am Tag fünf Minuten und schreiben Sie, wie Ihnen der Stift gewachsen ist. Diese kurzen Texte und Notizen dienen der Materialbeschaffung. Sammeln Sie, ganz gleich, ob Sie später stricken und häkeln möchten oder ob es Sie in den Steinbruch zieht mit Hammer und Meißel. Sie brauchen Vorräte. Hamstern Sie!

Vertrauen Sie den eigenen Assoziationen und hinterfragen Sie diese zunächst nicht. Bringen Sie Ihre Energie ein. Leserinnen und Leser merken es, wenn Sie nicht bei der Sache gewesen sind.

In drei oder fünf Minuten haben Sie nur Zeit fürs Schreiben und für nichts anderes. Wenn Sie schnell und spontan schreiben, ohne Gefühle und Gedanken zu zensieren, finden Sie ganz leicht Ihre eigene Stimme, weil Sie keine Zeit haben, sie zu verstellen. Drei oder fünf Minuten machen das Unmögliche möglich.

Sie möchten, dass Ihre Texte wahr klingen? Das hängt nicht davon ab, ob sich das Ganze wirklich genauso und nicht anders ereignet hat.

Autobiografische Erlebnisse sind nur Auslöser für Geschichten. Dort ist das wahr, was ein Gefühl von Wahrheit vermittelt, wie Siegfried Lenz sagt.

Die Ereignisse mögen tatsächlich so passiert sein, aber für Leser ist das nicht wichtig. Für sie muss es authentisch klingen, also vorstellbar sein.

Natürlich können Sie in fünf Minuten keine Literatur verfassen, wie es der Titel des Buches von Roberta Allen suggeriert. Im Original heißt das Buch „Fast Fiction: Creating Fiction in five Minutes"[9], was der Absicht der Autorin vermutlich näher kommt.

Betrachten Sie Ihre Texte, die in drei oder fünf Minuten entstehen, als Aufwärmübungen und kompostieren Sie Ihre Worte, damit guter Humus daraus wird, auf dem eine Geschichte wachsen kann. Verlangen Sie sich nicht alles auf einmal ab. Gehen Sie schrittweise vor. Sammeln Sie zunächst, sortieren und bearbeiten Sie dann Ihre Notizen. Gestalten Sie den Text erst am Schluss und bringen Sie ihn in eine literarische Form.

Fünf Minuten zu schreiben, einen ganzen Tag lang, das habe ich bei einem Projekt mit bildenden Künstlerinnen und Künstlern im Rahmen einer Aktion der Gedok Stuttgart ausprobiert.

Wir sind mit der Buslinie 43 durch Stuttgart gefahren. Eine Strecke mit vielen Stationen, quer durch die Stadt, Panoramablick eingeschlossen.

An jeder Haltestelle haben wir auf den nächsten Bus gewartet. Die Zeit war für den Moment eingefroren, gefangen wie in einer Zeitkapsel.

Beim Warten sprangen uns die Details der Stadt mit ihren Rissen in Raum und Zeit sogleich ins Auge.

Für einen Augen-Blick haben wir all unsere Sinne aktiviert, eigene und fremde Wünsche fixiert und Prognosen abgegeben.

---

9   Roberta Allen, Fast Fiction: Creative Fiction in Five Minutes, Cincinnati, Ohio, 1997.

In den künstlerischen Arbeiten und den Texten konnten wir den Augen-Blick skizzieren, mit all seinen Irritationen, aus dem spontanen inneren Erleben heraus. Bearbeitet und gestaltet haben wir Notizen und Skizzen erst später.

Die Wartezeiten waren für mich Momente, eingefangen und eingeschlossen in Worten. Entstanden sind bei mir Prosagedichte, jederzeit bereit, sich erneut auf den Weg zu machen, zur nächsten Haltestelle.

Einige davon sind in der Anthologie zum Feldkircher Lyrikpreis[10] 2017 erschienen, hier ein Beispiel für eine Haltestelle:

Beispiel: Haltestelle Schottstraße

Die Hugo-Borst-Anlage klebt in der Kehre, eine alte Hängebuche hat dort ihre Duftmarke beim Steuerberater versetzt und die Fensterkreuze der Gründerzeitvilla für weitere Äste an sich genommen. Hugo Borst ist nur sein Kopf geblieben, von der Halbglatze kringeln sich kleine Locken, der Soul Patch an der Unterlippe stichelt. In seinen Ohren verschwindet die Stadt, leer liegen die Augen in den Steinhöhlen, gefressen vom Grundbesitzerverein, der sich in sein Anlägle gedrängt hat. Nicht dass er etwas hätte gegen die Winzerliesel, die mag er. Feucht zieht es dieses Jahr schon Ende August die Höhen herunter, das letzte Zucken eines Sommers.

---

10 Jutta Weber-Bock, Schottstraße, in: Lyrik der Gegenwart (71),
    Feldkircher Lyrikpreis 2017, Erika Kronabitter (Hg.),
    st. wolfgang, 2017, Seite 116.

Die Hügel vespern die Sonne zum Abend und rühren der Stadt einen Kessel Lampions an. Ein Laubbläser verquirlt den Feinstaub. Hugo Borst niest, der Baukran droht mit seinem Kochlöffel.

Zweimal haben Sie die Methode der Zeitbegrenzung erprobt. Wagen Sie es ein weiteres Mal und erschließen Sie sich in zehn Minuten eine neue Dimension.

Schreibimpuls (3)
Zehn Minuten – Traumwelten

Vorbereitung: Nehmen Sie Stift und Papier zur Hand. Suchen Sie sich ein Reizwort, zum Beispiel Sturm, Schnee, Nebel, Glatteis, Erdbeereis, Weinblätter ... Stellen Sie einen Wecker auf zehn Minuten.

Schreiben: Schreiben Sie von Hand, bis es klingelt, ohne Rücksicht auf Rechtschreibung, Schönschrift, Grammatik und ohne den Stift abzusetzen. Schreiben Sie alles auf, was Ihnen einfällt, unabhängig von Ihrem Reizwort. Es dient nur als Anlass. Wichtig ist nur der Schreibfluss. Stocken Sie, schreiben Sie so lange das Wort Tisch oder Stuhl, bis sich der Schreibfluss wieder einstellt.

Wiederholen: Schreiben Sie täglich nach dieser Methode, um das Schreiben in sich einzupflanzen und es zu einer Notwendigkeit wie Atmen und Essen zu machen.

Hintergrund: Écriture automatique

Ziel dieser Kreativitätstechnik ist es, das logische Denken der linken Gehirnhälfte quasi auszuschalten und die kreative rechte Gehirnseite zu aktivieren (wenn Sie Rechtshänder sind, sonst ist es umgekehrt).

Die französischen Surrealisten Breton und Soupault haben damit experimentiert. Sie veränderten ihre Schreibgeschwindigkeit, schrieben zum Teil bis zur totalen körperlichen Erschöpfung und bis hin zu Halluzinationen.

Auf diese Weise holten sie mit dem Schreiben Gedankenassoziationen aus den vorrationalen Tiefenschichten ihres Gehirns.

Es geht um die Aufhebung der Grenzen zwischen Ding- und Traumwelt.

Elemente des Écriture automatique lassen sich zum Beispiel bei Alexander Döblin im Roman „Berlin Alexanderplatz" finden.

Zehn Minuten können lang sein und vielleicht haben Sie sogar auf das Klingeln des Weckers gewartet und es herbeigesehnt. Vor allem, weil Sie mit der Hand geschrieben haben.

Probieren Sie es aus, länger als zehn Minuten diese Technik anzuwenden. Sie werden dabei Stück für Stück in eine womöglich surreale Traumwelt hineingeraten, die Sie erstaunen wird. Wundern Sie sich nicht, wenn Sie Ihre Handschrift nicht mehr lesen können.

Zusammenfassung

Wie könnten Sie nun Ihr Material aus den ersten drei Übungen weiter gestalten? Lesen Sie erst jetzt, was Sie geschrieben haben. Gibt es kraftvolle Ausdrücke? Finden Sie ungewöhnliche Formulierungen? Erkennen Sie, was in Ihren Texten steckt.

Eine Geschichte setzt sich manchmal aus nur wenigen Worten zusammen. Ein Beispiel:

For sale. Baby shoes, never worn. [11]

Versuchen Sie, in Ihren Aufzeichnungen das Material für solche Sechs-Wort-Geschichten zu finden. Drehen und wenden Sie Ihre Fundstücke und setzen Sie Dinge in Beziehung, die auf den ersten Blick nichts miteinander zu tun haben.

„Schreibend ist man im Umgang mit sich selbst, wird das Erlebte zum Erinnerten. Schreiben an sich ist Weg und Ziel", sagt Hermann Lenz. [12]

Ein erstes Sammeln von Eindrücken im Alltag ist immer mit einer Zeitbegrenzung verbunden, daher ist es nicht schwer, Zeit dafür zu finden. Wir arbeiten weiter mit dieser Technik, wenn wir uns nun verschiedenen Fundstücken zuwenden.

---

11 Ob diese Sechs-Wörter-Geschichte wirklich Ernest Hemmingway zuzuschreiben ist, lässt sich nicht nachweisen; lesen Sie nach bei Wikipedia.

12 Zitiert nach: Wolfgang Paulsen, Das Ich im Spiegel der Sprache: autobiographisches Schreiben in der deutschen Literatur des 20. Jahrhunderts, Tübingen, 1991, Seite 171.

Kapitel 2: Fundstücke

Autobiografisches: Kaugummiautomaten [13]

„Aber nicht runterschlucken", sagt Papa und drückt mir eine rote Kugel in die Hand, die ich in den Mund schiebe und darauf herumlutsche. „Du musst kauen." Er wirft noch einen Groschen in den Automaten und dreht. Heraus kommt eine blaue Kugel, die sieht ekelig aus, aber er steckt sie in den Mund. „So", sagt er, macht einen ganz breiten Mund und kaut mit vollen Lippen.

Die rote Kugel in meinem Mund ist rau geworden und schmeckt nach Erdbeere. Ich schiebe sie in die Backentasche.

Papa stupst an die Beule. „Kauen, hab ich gesagt! Schluck sie bloß nicht runter! Sie verklebt dir den Magen."

Vorsichtig schiebe ich die Kugel mit der Zunge auf einer Seite zwischen die Backenzähne und presse die Lippen aufeinander.

„Ganz locker musst du sein, spitz mal die Schnute und jetzt grinsen", sagt Papa. Er macht es mir vor.

Die Kugel in meinem Mund rutscht nach vorne und ist plötzlich zwischen den Zähnen. Ich kaue und schlucke und kaue, ohne sie zu verschlucken.

„Wenn der Geschmack weg ist, musst du sie ausspucken", sagt Papa.

---

13   Jutta Weber-Bock, Wir vom Jahrgang 1957, a. a. O., Seite 22/23.

Manchmal müssen wir nehmen, was wir finden, und sei es eine blaue Kaugummikugel. In Kindertagen war das aufregend. Es gab noch andere Fundstücke im Automaten: winzige Ohrringe zum Anklipsen oder Anhänger für Schlüssel, die wir nicht besaßen. Am besten aber waren diese kleinen Gummibälle, Flummis genannt, die so herrlich vom Boden wieder hochhüpften. Bunt waren solche Tage, wenn wir zehn Pfennig, einen Groschen, übrig hatten.

In unserem Alltag heute gibt es scheinbar nichts Außergewöhnliches mehr. Sicher kennen Sie die Umschreibung *grauer Alltag*. Die Muster, denen Sie jeden Tag folgen, helfen Ihnen auf der einen Seite, alle Anforderungen zu bewältigen, und entlasten Sie zugleich. Trotzdem wollen Sie raus, Urlaub lockt oder ein Theaterbesuch. Bleiben Sie, es lohnt sich. Der Alltag ist bunt und vielschichtig. Entdeckten Sie Unbekanntes und lernen Sie, Altbekanntes mit anderen Augen zu sehen.

Im Museum für Alltagskultur in Waldenbuch, das zum Landesmuseum Baden-Württemberg gehört, gibt es seit 2011 den Ausstellungsbereich *Mein Stück Alltag*.

Dort finden Sie die Helden Ihres Alltags, an denen Sie normalerweise achtlos vorbeigehen und die doch Ihr Leben prägen. Erst auf den zweiten Blick erkennen wir, was Wäscheklammer, Flaschenöffner oder Klobürste jeden Tag für uns leisten. Es sind die einfachen Dinge, die unser Leben mitgestalten und die wir gar nicht mehr wahrnehmen, weil sie uns zur Selbstverständlichkeit geworden sind. Schreiben im Alltag macht sie sichtbar und kostbar.

Schreibimpuls (4)
Helden des Alltags

Vorbereitung: Gehen Sie durch Ihre Wohnung und notieren Sie stichwortartig, welche alltäglichen Gegenstände Sie sehen. Wählen Sie einfache Dinge wie einen Kochlöffel oder eine Rolle Klopapier. Machen Sie einen großen Bogen um elektrische Geräte.

Schreiben: Wer ist Ihr persönlicher Held des Alltags? Suchen Sie einen aus und betrachten Sie ihn eine Weile. Drehen Sie ihn hin und her und schauen Sie ihn von allen Seiten an, bis er zu sprechen beginnt. Schreiben Sie auf, was er sagt, und beugen Sie sich seinen Worten. Seien Sie gespannt, wohin er Sie führt.

Wiederholen: Suchen Sie sich einen anderen Helden des Alltags und nehmen Sie an seinem Leben teil. Sie können sich auch vorstellen, Ihr Held des Alltags hätte sich davongemacht, ohne sich zu verabschieden. Wie sieht Ihr Leben ohne ihn aus?

Begeben Sie sich auf eine Entdeckungsreise in die Welt Ihres Alltags. Vielleicht haben Sie Lust, Alltagsdinge außergewöhnlich in Szene zu setzen und Ihnen eine besondere Wertschätzung entgegenzubringen?

Schenken Sie der Wäschekammer oder dem Flaschenöffner etwas, zum Beispiel einen sauren Drops oder eine Nugatpraline. Üben Sie es, aufmerksam zu sein, entdecken Sie, wie bunt die Helden des Alltags Ihre

Stunden machen. Notieren Sie alles, was Ihnen zu den Dingen einfällt. Wie fühlen sie sich an? Wie riechen sie? Gibt es vielleicht kuriose Erlebnisse, die Sie mit ihnen verbinden?

Entdecken Sie weitere Helden des Alltags, wie zum Beispiel Einkaufszettel.

Schreibimpuls (5)
Einkaufszettel [14]

Vorbereitung: Was möchten Sie mittags kochen? Schreiben Sie die Zutaten auf. Oder was brauchen Sie für den Wocheneinkauf? Erstellen Sie eine Liste und wählen Sie spontan etwas aus.

Schreiben: Notieren Sie, was Ihnen dazu einfällt. Drei oder fünf Minuten. Schreiben Sie stichwortartig oder in ganzen Sätzen. Wie es Ihnen in den Sinn kommt.

Wiederholen: Nehmen Sie eine andere Zutat und gehen Sie Ihren Gedanken nach. Bauen Sie zwei Personen und einen kurzen Dialog in Ihren Text ein. Seien Sie schon vor dem Einkaufen besonders aufmerksam. Manchmal liegt auch ein Zettel in einem leeren Einkaufswagen. Schnappen Sie ihn sich und stellen Sie sich vor, wer ihn geschrieben haben könnte.

Schreiben Sie eine kleine Charakterskizze und greifen Sie auf diese zurück, wenn Sie die

---

14 Idee nach Kathrin Pläcking, Zettelgeschichten, Freiburg, 2009.

Zutaten auf der Einkaufsliste zu einem Text komponieren. So kann der Brötchenkauf plötzlich zum Krimi werden.

Was auf einem Einkaufszettel steht, sagt viel über die Schreiberin oder den Schreiber aus. Und die Art, wie die Zutaten notiert wurden, spiegelt einen sozialen Hintergrund wider. Fremde Zettel verraten Geheimnisse. Seien Sie neugierig und überlegen Sie, welche das sein könnten. Schauen Sie sich den eigenen Einkaufszettel an. Ist dieser verrätselt und voller Abkürzungen, die nur Sie entschlüsseln können?

Die Dinge, die Sie nach Ihrer Liste einkaufen, reihen sich ein in all das, was Sie im Laufe eines Tages in die Hand nehmen und was Ihnen ganz selbstverständlich erscheint.

Der Blick auf einen gefundenen Einkaufszettel ist nicht ganz so voyeuristisch wie der Blick in ein fremdes Fenster. Aber trauen Sie sich und wagen Sie es, unangekündigt bei den Nachbarn reinzuschauen.

Schreibimpuls (6)
Blick in ein fremdes Fenster

Vorbereitung: Sicher haben Sie schon einmal aus dem Fenster geschaut und gegenüber, vielleicht nicht allzu weit entfernt, in einem fremden Fenster etwas gesehen, was Sie in den Bann gezogen hat. Zwei Menschen küssen sich und hören gar nicht mehr auf oder es streiten sich zwei und gestikulieren wild. Ein Kind entdeckt Sie und winkt Ihnen zu. Vielleicht haben Sie das Gefühl gehabt, Sie tun etwas Verbotenes, wenn Sie weiter beobachten, was es da zu sehen gibt. Mir geht es jedenfalls so. Und doch können Sie sich nicht lösen.

Schreiben: Schreiben Sie eine kurze Szene, die gerne auch Erfundenes enthalten darf.

Wiederholen: Widmen Sie sich anderen Beobachtungen, die gar nicht spektakulär sein müssen. Eine Frau sitzt alleine im Lokal am Tisch und steht nach dem Essen sofort wieder auf. Fragen Sie sich warum, sind Sie mitten in einer Geschichte.

Zu diesem Schreibimpuls hat mich die Kurzgeschichte „Das Fenster-Theater"[15] von Ilse Aichinger inspiriert, aus der das winkende Kind entnommen ist, das ich erwähnt habe. Vielleicht haben Sie ja beim Blick ins fremde Fenster ein paar Sachen entdeckt, mit denen auch Sie sich gerne umgeben und die zu Ihren Dingen des Lebens geworden sind. Zu meinen Schätzen gehören eine dickbäuchige Onyx-Vase mit Keramikrose und der gutgenährte Schutzengel der alten Marktfrau, die leider nicht mehr kommt. Und wenn ich die gestreifte Katze aus Holz abstaube, die wie ein Chamäleon den Schwanz abwerfen kann, sehe ich ihren weiten Weg von Brasilien vor mir.

---

15 Ilse Aichinger, Der Gefesselte, Erzählungen, Frankfurt a. M., 1963, Seite 61 – 63.

Ich habe Sie auf die *Fenster-Fährte* gelockt, wo Sie einiges an Fantasie brauchen. Wir sehen nämlich viel weniger in einem Fenster gegenüber, als wir erwarten würden, aber sofort dichten wir uns die Dinge des Lebens zusammen. „... fehlen sie plötzlich, wird ihre Unentbehrlichkeit schmerzlich offenbar.“[16]

Schreibimpuls (7)
Die Dinge des Lebens[17]

Vorbereitung: Machen Sie eine Liste von Ihren Dingen des Lebens. Das ist nicht zwangsläufig etwas Wertvolles in finanzieller Hinsicht, sondern es ist Ihnen eher im übertragenen Sinne kostbar. Wählen Sie ein Ding aus.

Schreiben: Lassen Sie Ihre Gedanken spielerisch und zärtlich um dieses Ding kreisen. Versuchen Sie, in einen Schreibfluss hineinzukommen. Umkreisen Sie Ihr Ding des Lebens zehn Minuten lang und seien Sie gespannt, wohin es Sie führen wird.

Bearbeiten: Schauen Sie sich den Text noch einmal genau an und überlegen Sie, worin das Wesenhafte des ausgewählten Dings besteht. Bearbeiten Sie das Geschriebene und versuchen Sie, den Kern herauszuschälen.

---

16 Sibylle Thelen (Hrsg.), Der Lorbeerkranz und andere Dinge des Lebens, Was Autoren im Alltag fasziniert, Stuttgart, 2001, Einleitung, Seite 8.

17 Nach der Rubrik „Die Dinge des Lebens", Wochenendbeilage der Stuttgarter Zeitung, 2000.

Wiederholen: Nehmen Sie ein anderes Ding des Lebens und schreiben Sie dazu einen Text. Vielleicht können Sie verrätseln, worum es sich handelt?

Welche Geschichte sich aus einem solchen Ding des Lebens entspinnen kann, sehen Sie an meinem Beispiel:

Beispiel: Abschied von Suzi

Noch nie habe ich mit jemandem eine so lange Zeit geteilt, dreizehn Jahre waren es fast auf den Tag genau. Sie kennt mich besser als jede andere. Von kleinen Missverständnissen abgesehen, war sie mir treu. Andere nicht. Aber nur vor ihr habe ich meine Tränen und meine Wut nicht verbergen können. Sie hat beides einfach geschluckt, es hat viel in sie hineingepasst. Nur manchmal sorgte ich mich um ihr Befinden und brachte sie sicherheitshalber rechtzeitig zur Untersuchung.

Nachsichtig war sie, wenn ich von einer langen Nacht bei einer anderen gekommen bin. Sie hat einfach mit mir den Sonnenaufgang genossen und im Frühnebel die Rolling Stones aus dem Radio gehört.

Bei Vollmond war sie schlaflos wie ich. Oft sind wir dann noch zusammen losgezogen. Ohne Ziel und Sinn. Die lauen hellen Sommernächte haben wir beide geliebt. Sie hat sich nie beirren lassen und wusste immer den Weg.

In Gewitterstunden hat sie sich besonders behaglich gefühlt in unserem Käfig. Ich konnte nicht hinaus, und sie stand geduldig im Regen. Aussitzen wollte sie mich. Manchmal habe ich sie dann lange Zeit irgendwo an einer Ecke stehengelassen.

Aber meistens habe ich sie gebraucht. Hängengeblieben wäre ich ohne sie. Ich sehe mich liegen auf einem fremden Bett und denken, dass ich nicht bleiben will bis zum Frühstück, nicht mal bis zum Sonnenaufgang. Sie hat mich dort immer herausgeholt, und dann haben wir gesungen. Sie hat ohne zu zweifeln mit ihrer dunklen Stimme meine falschen Töne überdeckt und ist ein Teil meiner selbst geworden.

Und wo wir überall waren! Ein Faden zieht sich von Niedersachsen zum Elsass bis in die Provence, der Rückweg führte über Oberitalien und die Alpen. Gut, wir waren nicht gerade auf Weltreise, aber wir waren zusammen und haben nicht gestritten.

Durch viele Dämmerungen sind wir gegangen und ohne zu fragen, hat sie mir den Weg ausgeleuchtet. Nie hat sie sich beklagt, selbst wenn wir im tiefen Frost unterwegs waren, hat sie die Herzen aus Schnee genossen, die ich auf ihre Scheiben gemalt habe. Sie ist gefahren, stetig auf der Spur ihrer Kilometer, zweihundertviertausend. Dabei ist er matt geworden, ihr roter Lack, und rostig, in den letzten dreizehn Jahren, aber auch ich möchte schließlich kein Teenager mehr sein. Nur unsere Energie, die hat uns die Zeit nicht nehmen können.

Doch jetzt sind wir auf einmal geschieden. Wir haben das nicht gewollt. Ein anderer hat es entschieden. Wir mussten es respektieren, akzeptiert habe ich es nicht. Bald wird sie zu einem handlichen Päckchen gepresst.

Übrigens hat sie einen kleinen weißen Bruder bekommen, der eine Wegfahrsperre besitzt. Ja, ich habe mich verändert, seitdem wir nicht mehr zusammen sind, bin doch dahin gekommen, es mit einem Jüngeren zu versuchen, der meine Falten glätten soll. [18]

„Die Dinge des Lebens" ist auch der Titel eines französischen Films aus dem Jahr 1970 mit Romy Schneider in der weiblichen Hauptrolle. In dem Film fällt der Satz: „Die Summe der Nebensachen, das ist die Geschichte." Lassen Sie ihn sich durch den Kopf gehen.

Vielleicht möchten Sie sich Klarheit verschaffen über ihr vergangenes und gegenwärtiges Leben. Vergessen Sie die Nebensachen nicht. Immer aber geht es um die Beziehung von Innenwelt und Außenwelt. Oder Sie entdecken durch das Schreiben ein neues Stück Selbst, denn das gelebte Leben ist der Stoff, aus dem sich Geschichten und Geschichte formen.

---

18 Jutta Weber-Bock, Abschied von Suzi, erschienen in der Rubrik „Die Dinge des Lebens", Wochenendbeilage der Stuttgarter Zeitung, 30.09.2000.

Zusammenfassung

Verweilen Sie bei den Helden des Alltags. Sehen Sie Ihre Wohnung oder die Wege in der Stadt mit neuen Augen und schmecken Sie mit süßer Zunge.

Lassen Sie sich verführen von fremden Einkaufszetteln, gehen Sie auf die Jagd und sammeln Sie alles, was Sie entdecken.

Horten Sie Nebensachen und legen Sie sich ein Verzeichnis all Ihrer Fundstücke an. Nutzen Sie diese als Ideenkeime zum Schreiben. Wundern Sie sich nicht, wenn die Dinge plötzlich selbstständig agieren und sich zusammenfinden, obwohl sie einander nie begegnet sind und Sie es ihnen nicht eingeflüstert haben.

Schreiben ist Bewegung und Leben – nutzen Sie diesen Freiraum für sich und pendeln Sie ungezwungen zwischen den Polen Fantasie und Alltagsrealität. Diese Gleichzeitigkeit des Gegenläufigen manifestiert sich auch beim Schreiben, und zwar zunächst in der Person des Autors oder der Autorin.

Bei meinen ersten Texten wollte ich von mir erzählen, aber nur nichts von mir preisgeben. Die Geschichten blieben leblos, doch durch das Autobiografische konnte ich die beiden Pole schließlich benennen, in Einklang bringen und mich im Schreiben neu orientieren.

Probieren Sie im nächsten Kapitel verschiedene Stichwörter aus, die Ihnen bei der Transformation des eigenen Erlebens weiterhelfen können.

Kapitel 3: Stichworte

Autobiografisches: Selbstbedienung[19]

„Geh mal ins Seifenhaus", sagte Mama, „wir brauchen noch Apfel-Shampoo, die große Flasche ist billiger. Und kauf Ei-Shampoo für Papa, in den Portionsbeuteln mit den Ecken zum Abschneiden. Vergiss die Rabattmarken nicht. Halt, Waschmittel ist auch alle."

Sie gab mir Geld und diese karierte Einkaufstasche, die ich nicht leiden konnte. Drogeriemarkt prangte über dem Schaufenster, aber Mama sagte immer »Seifenhaus«.

Die Nagellackfläschchen standen in Reih und Glied, pink und lila, feuerrot und dunkelblau. In unserer Stadt gab es keine Frauen mit bunten Fingernägeln. Wie das Blau wohl aussah? Ich holte das Apfel-Shampoo mit einem Seitenblick aus dem Regal. Den blauen Nagellack gab es auch in Probiergröße, ein winziges Fläschchen. Beim Vorbeigehen rutschte es mir in die karierte Tasche, zufällig.

Bereits im Jahr 1957 wurde in Bonn das Institut für Selbstbedienung gegründet. Das Erzähler-Ich in dem Textauszug nimmt den Ausdruck *Selbstbedienung* wörtlich, weiß aber genau, was es tut, zufällig. Ich hätte mich das nie getraut, doch als Autorin habe ich es literarisch gerne lustvoll auf die Spitze getrieben.

---

19 Jutta Weber-Bock, Wir vom Jahrgang 1957, a. a. O., Seite 45.

Wie beim Film oder im Theater gibt uns ein Stichwort das Zeichen für den Einsatz und schon spielen wir. Ob mit blauen Kaugummikugeln oder blauem Nagellack. Das Verbotene reizt uns und bringt uns zum Schreiben.

Manchmal scheint sich das Leben aus solchen Stichwörtern zusammenzusetzen. Springen Sie hinein in das Getümmel, verlassen Sie Ihren alten Standpunkt, der erste Schritt ist das Ziel. Seien Sie offen für Assoziationen, die Ihnen durchs Nachdenken nicht eingefallen wären.

Wie wäre es mit dem Stichwort *Knopf*? Setzt sich bei Ihnen eine Gedankenkette in Gang?

Bereits in der Antike waren Knöpfe als Ziergegenstände auf der Kleidung bekannt. Und bis heute gibt es den Knebelknopf mit Schlaufenverschluss, vor allem an Wintermänteln. Versuchen Sie es.

Schreibimpuls (8)
Knöpfe

Vorbereitung: Gibt es in einer Ecke bei Ihnen vielleicht eine Schachtel mit alten Knöpfen, die Sie nicht wegwerfen wollten, aber bislang nicht gebraucht haben? Falls nicht, schauen Sie sich Ihre Kleidungsstücke an und betrachten Sie zum Beispiel die Knöpfe Ihrer Wolljacke oder an einem Jackett. Suchen Sie sich einen Knopf aus. Was geht Ihnen spontan durch den Kopf?

Schreiben: Schreiben Sie drei Minuten zu diesem Knopf. Wählen Sie einen anderen und schreiben Sie noch einmal drei Minuten.

Wiederholen Sie das Schreiben mit einem dritten Knopf als Inspirationsquelle. Denken Sie nicht darüber nach, halten Sie die Hand in Bewegung.

Bearbeiten (1): Überlegen Sie sich zu einem Knopf ein Kleidungsstück. Schreiben Sie dazu fünf Minuten.

Wiederholen: Nehmen Sie den zweiten Knopf und ein anderes Kleidungsstück und gönnen Sie sich noch einmal fünf Minuten.

Bearbeiten (2): Welche Person oder welche Personen verbinden Sie jeweils mit dem Knopf und dem Kleidungsstück? Schreiben Sie erneut je fünf Minuten.

Gestalten: Wählen Sie aus, sichten Sie das Material und suchen Sie sich ein Ereignis zu einem Ihrer Knöpfe und der Person. Damit haben Sie einen Einkaufszettel erstellt und besitzen jetzt alle Zutaten für eine objektorientierte Kurzgeschichte (Gegenstand, Person, Ereignis). Schreiben Sie dazu fünfzehn bis dreißig Minuten.

Weiterarbeit: Falls Sie Inspirationen brauchen, suchen Sie Sprichwörter oder Redewendungen zum Thema Knopf. Recherchieren Sie zu Knöpfen und ihrem Material und zu ihrer Herstellung oder zum Beruf des Knopfmachers.

Wenn Sie bei einem Thema in die Tiefe gehen und weiteres Material sammeln möchten, können Sie ein sogenanntes Clustering durchführen.

Hintergrund: Clustering

Nehmen Sie ein möglichst großes Blatt Papier und einen weichen Stift zur Hand.

Schreiben Sie Ihr Thema, zum Beispiel Knöpfe, in die Mitte und umkreisen Sie es mit dem Stift ein paar Mal. Das ist Ihr Kernwort.

Sammeln Sie kreuz und quer alles, aber wirklich alles, was Ihnen einfällt.

Versuchen Sie, sich Ihr Thema in sämtlichen Facetten vorzustellen. Fragen Sie Ihre Sinne. Umkreisen Sie jedes Wort mit dem Stift. Ziehen Sie Striche, stellen Sie Verbindungen her, die Sie bislang nicht gesehen haben.

Sie können auch Dinge oder Personen notieren, die Ihnen zum Kernwort einfallen, zum Beispiel Nähkästchen oder Mutter.

Seien Sie chaotisch. Je mehr Durcheinander, umso leichter fällt es Ihnen später, aus dem Cluster zu schöpfen und die Kreativität in Gang zu setzen.

Die im Cluster gesammelten Sprachfetzen sind dem Leben abgeschaut. Wenn die Stichworte später in einem Prosatext ihren fiktionalisierten Auftritt haben, wird die selbst erlebte Wirklichkeit für den Leser vorstellbarer, weil Sie im Cluster neue Verbindungen hergestellt haben. Der grüne Kindermantel mit den Holzknebeln oder die Trachtenjacke mit den Kugelknöpfen erscheinen erst im Rückblick gewissermaßen logisch.

Beispiel für ein Cluster

Beim Clustering geht es darum, Ideenkeime zu sammeln und sie zu erkennen. Mit ihnen verhält es sich so ähnlich wie mit der Quantenmechanik.

Stephen W. Hawking sagt: „Die Besonderheit der Quantenmechanik liegt darin, dass sie ein anderes Bild von der Wirklichkeit vermittelt. Danach hat ein Objekt nicht nur eine einzige Geschichte, sondern alle Geschichten, die möglich sind."[20]

Auch die Besonderheit der Literatur liegt darin, dass sie ein anderes Bild von der Wirklichkeit vermittelt. Dazu müssen wir aber diese Wirklichkeit auch sehen (wollen), und am besten scheinen wir sie zu sehen, indem

---

20 Stephen W. Hawking, Einsteins Traum, Hamburg, 1993, Seite 60.

wir die kleinen Dinge des Lebens betrachten, zum Beispiel Knöpfe, und zu ihnen schreiben. Probieren Sie es aus.

Dieses Ausprobieren beginnt mit einem ersten Einfall, der plötzlich da ist, aus dem Nichts zu kommen scheint, und schon am Anfang alle Geschichten in sich trägt.

Auch Patricia Highsmith fragt danach: „Was ist der Keim einer Idee? Vermutlich alles Erdenkliche für jeden Schriftsteller: Ein Kind fällt auf dem Bürgersteig hin und verschüttet seine Eiscreme. Ein respektabel aussehender Mann im Lebensmittelgeschäft steckt heimlich, wie unter einem Zwang, eine reife Birne ein und bezahlt sie nicht."[21]

Sie haben gemerkt, dass Ideenkeime klein und unvollständig sein können. Wie Patricia Highsmith erkenne auch ich sie an einem Gefühl im Bauch, an einer gewissen Erregung, die mich plötzlich fesselt. Wie geht es Ihnen, wenn Sie eine kalte Platte betrachten? Gibt es eine Speise, die bei Ihnen sofort Assoziationen weckt? Kosten Sie davon und lassen Sie sich verführen.

Schreibimpuls (9)
Kalte Platte

Sammeln: Clustern Sie etwa zehn Minuten zum Kernwort *Kalte Platte* (zum Beispiel: Käseigel, Schinkenröllchen, gefüllte Eier, Gurkenschiffchen ...), bis Ihnen nichts mehr einfällt. Versuchen Sie, sich die kalte Platte und die Situation möglichst genau vorzustellen.

---

21 Patricia Highsmith, Suspense, Zürich, 1985, Seite 9/10.

Schreiben (1): Zu welchem Anlass wurde die kalte Platte serviert? Entwerfen Sie einen kurzen Text und naschen Sie aus Ihrem Cluster.

Schreiben (2): Nehmen Sie eine Speise von Ihrer kalten Platte und schreiben Sie diese einer Person zu. Was denkt sie zum Beispiel über Waldorfsalat? Gehen Sie in den Kopf dieser Figur und schreiben Sie weiter.

Bearbeiten: Trauen Sie sich und betrachten Sie die beiden Textentwürfe als Material für eine kurze Geschichte mit Anfang, Mittelteil und Schluss. Schreiben Sie zwei Seiten und kommen Sie am Ende wieder auf den Anfang zurück.

Weiterarbeit: Nehmen Sie alte Kochbücher zur Hand und lassen Sie sich inspirieren, was Sie noch auf Ihre kalte Platte legen könnten.

Stichworte und Erinnerungen gehören eng zusammen. Denken Sie an Familienfeiern oder Stadtfeste, Jahrmärkte und an Jahreszeiten, zum Beispiel an den Sommer mit seinen langen Abenden und lauen Nächten.

Schreibimpuls (10)
„Das Gartenfest"

Schreiben: Nehmen Sie das Stichwort *Gartenfest* als Anlass und schreiben Sie darüber. Wer ist da, was wird gefeiert und wo liegt der Garten? Fangen Sie einfach an und lassen Sie sich treiben. Belauschen Sie Gespräche. Schreiben Sie zehn Minuten.

Bremse (1): Fragen Sie sich, welche Konflikte zutage treten oder im Hintergrund schwelen. Schreiben Sie zehn Minuten weiter.

Bremse (2): Stellen Sie sich vor, nicht weit vom Garten passiert ein Unglück. Wie verhalten sich Gastgeber und Gäste? Schreiben Sie weitere zehn Minuten.

Lesetipp: Die neuseeländische Schriftstellerin Katherine Mansfield ist bekannt für ihre Kurzgeschichte „Das Gartenfest"[22], an die ich den Schreibimpuls angelehnt habe.

Seien Sie aufmerksam im Alltag und suchen Sie Stichworte, zu denen Sie schreiben möchten. Es können auch kurze Feststellungen sein, wie eine Lautsprecherdurchsage.

Schreibimpuls (11)
„Fahrplanmäßiger Aufenthalt"

Schreiben: Lassen Sie sich von der Durchsage *Fahrplanmäßiger Aufenthalt* eine Viertelstunde lang inspirieren, zum Beispiel auf einem Bahnhof. Notieren Sie alles, was Ihnen einfällt.

Gestalten: Überlegen Sie, wohin Sie das Geschriebene führen könnte. Ergänzen oder ändern Sie Ihren Text. Sie können auch weiter-

---

22 Katherine Mansfield, Das Gartenfest und andere Erzählungen, verschiedene Ausgaben.

schreiben und ihn zu einer kurzen Geschichte wachsen lassen.

Lesetipp: Der Buchtitel des Schweizer Schriftstellers Franz Hohler, „Fahrplanmäßiger Aufenthalt"[23] hat mich auf diesen Schreibimpuls gebracht. Lesen Sie die Kurzgeschichte dazu.

Im Laufe meiner Schreib- und Seminartage kommen mir ganz unterschiedliche Stichworte in den Sinn. Ich notiere diese, ohne genau zu wissen, wozu ich sie irgendwann verwenden könnte. Und plötzlich in der Adventszeit springt mich *Bratapfel* an und ich kann ihm nicht widerstehen, weil er so lecker ist.

Schreibimpuls (12)
Bratapfel

Schreiben: Heften Sie sich dem Stichwort *Bratapfel* an die Fersen und schreiben Sie einen Text. Sie haben zehn Minuten.

Bremse (1): Es muss eine Person darin vorkommen. Schreiben Sie fünf Minuten weiter.

Bremse (2): Nehmen Sie eine zweite Person in den Text hinein. Schreiben Sie noch einmal fünf Minuten.

Bearbeiten: Vielleicht haben Sie längst damit begonnen, wenn nicht, ersinnen Sie einen Dialog zwischen den Personen. Bringen Sie beide in einer Situation zusammen und verstricken

---

23 Franz Hohler, Fahrplanmäßiger Aufenthalt, München, 2020.

Sie die Figuren in ein kurzes Gespräch. Schreiben Sie eine Viertelstunde weiter.

Gestalten: Lesen Sie sich den Text vor, der entstanden ist. Fragen Sie sich, wie könnten Sie beiden Personen Sprechstimmen geben, die sich voneinander unterscheiden?

Überarbeiten: Worauf zielt der Wortwechsel ab? Leitet er eine Auseinandersetzung ein oder verschärft er einen bestehenden Konflikt? Wie können Sie die Neugier Ihrer Leser wecken? Woran wären Sie selbst interessiert? Seien Sie ehrlich mit sich: Finden Sie den Dialog spannend? Wenn nicht, wird vielleicht zu detailliert erzählt? Zu viel ausgesprochen? Ist das Gespräch zu deutlich? Lassen Sie Lücken, die Leser möchten gerne selbst denken und nicht alles vorgefertigt geliefert bekommen.

Ihre Charaktere legen den Grundstein fürs Erzählen. Eine Geschichte besteht aus den Figuren. Was uns nach der Lektüre eines guten Buches vor allem im Gedächtnis haften bleibt, sind die Personen, das heißt, die Ereignisse werden bedeutsamer, wenn wir die Menschen *kennen*, die von ihnen betroffen sind. „Man kann die tatsächliche Welt gar nicht beschreiben, ohne sie subjektiv zu verformen. Auch die Wissenschaft kennt die Unschärferelation, die dadurch entsteht, dass Erkennen eine subjektive und eben keine objektive Eigenschaft ist"[24], sagt der Novellist Hartmut Lange.

---

24 Hartmut Lange, Irrtum als Erkenntnis, Meine Realitätserfahrung als Schriftsteller, Zürich, 2002, Seite 45.

Durch das Schreiben können wir begreifen, indem wir uns schwarz auf weiß abbilden. Gleichzeitig erfinden wir aber auch von Anfang an. Sie kennen vielleicht die Personen aus dem Text, die Leser nicht. Also keine Sorge. Bewegen Sie sich ungezwungen zwischen Dichtung und Wahrheit. Sie können und dürfen lügen, dass sich die Bratäpfel in der Röhre von Ihnen abwenden. Was sollen die Leserinnen und Leser machen, wenn Ihre Geschichte authentisch klingt, müssen sie Ihnen wohl glauben. Ihre Leser sollten die Geschichte also für wahr halten können, vor allem wenn Sie sich an konkrete Dinge halten, die wir anfassen können. So können Sie etwas festschrauben und miteinander verbinden, auch wenn oder weil es Haken und Ösen gibt.

Schreibimpuls (13)
Muttern und Schrauben, Haken und Ösen

Vorbereitung: Gehen Sie in den Baumarkt und schauen Sie sich Schrauben und Muttern, Haken und Ösen an. Falls Sie einen Vorrat im Keller haben, können Sie darauf zurückgreifen.

Sammeln: Notieren Sie fünf Minuten spontan alles, was Ihnen einfällt.

Bearbeiten: Überlegen Sie sich eine Person, die Sie mit handwerklichen Tätigkeiten in Verbindung bringen. Suchen Sie eine zweite Figur dazu und schreiben Sie zehn Minuten weiter, bauen Sie einen Dialog ein. Denken Sie daran, dieser sollte authentisch klingen, muss aber nicht wahr sein.

Agieren Sie beim Schreiben als Puppenspieler. Sie halten die Fäden in der Hand, doch räuspern Sie sich nicht im Hintergrund. Die Leser möchten eintauchen in die Figuren und ihre Innenwelten.

Versuchen Sie, alles in Handlung aufzulösen. Behaupten Sie nicht: *Er hatte lange schmale Finger.* Sagen Sie stattdessen lieber: *Seine langen schmalen Finger zuckten über die Tischplatte.*

Ihre Einfälle zu Stichwörtern setzen sich nach bestimmten Mustern zu Geschichten zusammen. Warum dies so und nicht anders geschieht, hat mit der persönlichen Struktur Ihres Gehirns zu tun.

Jeder von uns hat anders ausgeprägte Rindenfelder in seinem Gehirn. Wir haben also auch dort ein eigenes Gesicht und entwickeln einen Ideenkeim zu einem Stichwort individuell weiter.

Wenn es Ihnen gelingt, die spezifische Struktur Ihres ganzheitlichen Denkens ein bisschen zu verstehen, können Sie die für Sie richtige Kreativitätstechnik herausfinden und beim Schreiben anwenden.

Sie geben Ihre persönliche Prägung auch an Ihre Figuren weiter und statten diese mit Ihren autobiografischen Merkmalen aus, ohne dass es Ihnen beim Schreiben bewusst sein muss.

Nach Gustave Flaubert ist jede Geschichte autobiografisch. Und der Erzähler Amos Oz hat mehrfach erklärt: „Jede Geschichte, die ich geschrieben habe, war autobiografisch." Haben Sie also keine Scheu und beginnen Sie bei sich, erzählen Sie Ihre Geschichte, sie wird schon durch das Aufschreiben zu einer anderen.

Zusammenfassung

Ein Notizbuch, ein Block oder auch eine Serviette in einem Café können Ihnen helfen, sich später wieder an Ihre Ideen zu erinnern.

Notieren Sie alles, was Ihnen auffällt. Sind Sie entsetzt, traurig oder fröhlich über das, was Sie hören und sehen? Was berührt Sie zunächst nicht sonderlich? Halten Sie auch das fest. Sie können nicht wissen, was daraus vielleicht noch wird.

Versuchen Sie, mit den verschiedenen Schreibmethoden möglichst viele Ihrer Ideen im Gedächtnis zu verankern und ihnen so einen festen Platz zu geben.

Beobachten Sie das Leben, sehen, hören und riechen Sie die Menschen und die Dinge und füllen Sie probeweise die beobachteten, konkreten Handlungen mit fantastischen Elementen.

Ihre Ideen werden nur dann im sogenannten Langzeitgedächtnis gespeichert, wenn sie länger als zwanzig Minuten *behalten* werden. Schreiben Sie daher alles auf. Betrachten Sie Ihre gesammelten Wörter und kurzen Texte einstweilen als Teile eines Steinbruchs, aus dem Sie beim Schreiben von Geschichten passende Brocken für Formulierungen holen können, die unterschiedlichste Details präzise wiedergeben und beschreiben.

Sorgen Sie aber ständig für Nachschub, sonst ist der Steinbruch irgendwann leer geräumt. Lassen Sie neue Wörter nicht am Wegesrand liegen, sondern werfen Sie diese hinein in den Steinbruch, in ein Tagebuch oder ins Notizbuch.

Nehmen Sie sich einmal in der Woche eine halbe Stunde Zeit und blättern Sie das Notizbuch durch. Das kann an einer Bushaltestelle sein oder beim Arzt im Wartezimmer. Es geht zunächst um einen Überblick, aber vielleicht merken Sie auch, wie Ihre Schreibhand sich schon beim Lesen lockert. Welches Stichwort *springt Sie an*? Schreiben Sie dazu und vertrauen Sie wieder Ihrem Stift oder den Fingern auf der Tastatur, sie wissen mehr als Ihr Kopf.

Fügen sich vielleicht manche Stichworte zu einem neuen Ganzen zusammen? Vermählt sich der Knopf mit einem Käseigel und geht mit ihm auf ein Gartenfest? Schleichen Sie ihnen nach und belauschen Sie, was die beiden miteinander reden und finden Sie heraus, warum sie auf das Gartenfest gehen. Schreiben Sie es auf, so verrückt es auch klingen mag.

Eine Idee steigt wie Phönix aus der Asche der alltäglichen kleinen oder größeren Begebenheiten und Verrücktheiten unseres Lebens. Sie taucht schemenhaft in unserem Gedächtnis auf, verharrt aber selten länger als einige Sekunden oder Minuten. Wie eine Libelle. Fangen Sie Ihre Ideen, tragen Sie Papier und Stift mit sich herum und notieren Sie alles sofort. Seien Sie aufmerksam, was Sie hören oder lesen. Halten Sie Sprüche fest, sie sind dem Leben abgeschaut. Ich habe für Sie in die Literatur hinein gegriffen, denn Zitate eröffnen Ihnen Möglichkeiten, die über Ihre biografisch geprägten Erfahrungen hinausweisen.

Kapitel 4: Zitate

Autobiografisches: 3 geteilt? niemals![25]

Auf meinem Schulweg stand ein Schild, auf dem „3 geteilt? niemals!" zu lesen war. Auf rotem Grund sah ich eine schwarze Landkarte, die von senkrechten Linien durchzogen war. Unter dem schwarz-rot-goldenen Blechschild hing ein Bär mit einer Kilometerangabe, wie weit es nach Berlin war.

In der Schule lernten wir Englisch und in Geschichte etwas über die Frühkulturen der Menschheit. Später kamen Chemie und Physik dazu, das Römische Reich, das Mittelalter und die Französische Revolution.

Das Blechschild hing weiter an seinem Platz am Zaun neben der Schule und ich grübelte jeden Morgen. Außer der BRD gab es die DDR, so viel verriet das Fernsehen manchmal. Die Deutschlehrerin erzählte vom Haff und von Königsberg, wo sie geboren war. Aber was bedeuteten nur diese Worte „3 geteilt? niemals!"?

Gemeinschaftskunde hielt als neues Fach Einzug in den Stundenplan. Wir lernten Demokratie, die gibt es in der DDR nicht, hieß es. Doch „3 geteilt? niemals!" verschwieg die Schule.

Bei der Recherche zu dem Buch „Wir vom Jahrgang 1957 – Kindheit und Jugend" ist mir das Blechschild wieder eingefallen. Inzwischen wusste ich natürlich Bescheid,

---

25 Jutta Weber-Bock, Wir vom Jahrgang 1957, a. a. O., Seite 42.

aber in der Schulzeit gab es niemanden, den ich hätte fragen können oder ich habe mich nicht getraut. Es ist eines der Zitate, die mir ein Leben lang nachgelaufen sind. Ich habe es weggeschrieben. Mittlerweile gibt es in Wikipedia einen Artikel zum „Kuratorium Unteilbares Deutschland", der eine erste Orientierung bietet.

Heute fallen mir vor allem beim Lesen von Gedichten immer wieder einzelne Bilder oder Verse auf, die hängen bleiben. Sie drängen sich manches Mal nahezu auf und wollen, dass ich sie notiere.

Ich habe mich gefragt, was es mit Kafkas Hund auf sich hat und Becketts Hose vom Schneider geholt. Wichtig war und ist mir einzig das Vergnügen beim Schreiben oder Recherchieren, egal ob sich daraus ein Thema ergibt.

Es ist erstaunlich, was in eine Streichholzschachtel passt oder was einem beim Wetterbericht in den Sinn kommen kann.

Wie sich ein langer Sommer in mir ausbreitet und mich zum Spielen treibt, daran denke ich an Wintertagen. Da ist dann der Zauberberg von Thomas Mann nicht weit oder ich wandere auf schmalen Pfaden ins Hinterland.

Genießen Sie, was ich Ihnen an Zitaten mitgebracht habe, und schreiben Sie dazu ganz ohne Hemmungen, denn wer der Ideengeber ist, verrate ich in der Regel erst nach dem Schreibimpuls.

Schreibimpuls (14)
„Kafkas Hund"

Vorbereitung: Lassen Sie sich vom Zitat „Kafkas Hund" inspirieren. Stellen Sie sich vor, was ist das für ein Hund, der zu Franz Kafka passt? Wie verhält er sich gegenüber seinem Herrn? Und wie bei anderen Menschen?

Schreiben: Bleiben Sie bei sich, recherchieren Sie nicht zu Kafka. Schreiben Sie drei Minuten und folgen Sie dem Hund, nicht dem Herrn.

Quelle: „Kafkas Hund" ist der Titel einer Kürzestgeschichte von Heiner Feldhoff.[26]

Weiterarbeit: Nehmen Sie eine andere Kürzestgeschichte von Heiner Feldhoff als Anregung und schreiben Sie dazu. Manche sind nur ein paar Zeilen lang und geben Ihnen viel Raum für eigene Ideen. Denken Sie daran, drei Minuten, eine Zigarettenlänge. Schreiben Sie aber jetzt zehnmal drei Minuten hintereinander und wechseln Sie die Themen wie ein Zauberer seine Kleider.

Drei Minuten brauchen Sie zum Schreiben, die Leser aber sind viel schneller fertig. Geben Sie ihnen etwas mit zum Weiterdenken, einen Anker, und öffnen Sie die Geschichte im Hintergrund für die Fantasie.

Sie finden Zeit zum Schreiben und schenken anderen nicht nur die Zeit zum Lesen, sondern vor allem auch zum

---

26 Heiner Feldhoff, Kafkas Hund oder Der Verwirrte im Sonntagsstaat, Tübingen, 2001, Seite 58.

Nachdenken, denn eine Geschichte beginnt mit ihrem Ende, wie Dürrenmatt gesagt hat. Das gilt nicht nur für Romane, sondern auch für kurze Geschichten, wo die Wege aber nicht so breit angelegt sind.

Schreibimpuls (15)
„Auf schmalen Pfaden durchs Hinterland"

Vorbereitung: Gehen Sie spazieren und nehmen Sie die engen Wege im Wald, rund um einen See oder in einer Wiese. Sie können auch durch die Gassen einer Stadt laufen. Die Bewegung bringt Ihre Gedanken in einen Fluss. Machen Sie eine Pause, setzen Sie sich auf eine Bank oder einen Baumstamm. Schon springen Ihre Ideen in eine andere Richtung und nichts hält Sie mehr.

Schreiben: Notieren Sie zehn Minuten lang, was Ihnen auffällt oder durch den Sinn geht. Was sehen und hören Sie? Gibt es einen Geruch, dem Sie nachgehen möchten? Bekommen Sie Hunger? Laufen Sie weiter und legen Sie ein paar Wanderpausen ein, in denen Ihre Gedanken spazieren gehen können.

Bearbeiten: Schauen Sie zu Hause Ihre Notizen durch und verknüpfen Sie die Dinge wieder auf ungewohnte Weise miteinander. Was hat die Landschaft mit Ihrem Frühstück zu tun? Oder warum sind Sie auf gerader Strecke gestolpert, als Sie ans Abendessen gedacht haben?

Wiederholen: Gehen Sie auf schmalen Pfaden durch Ihre Träume oder durch Ihre Kindheitserinnerungen und sammeln Sie. Lassen Sie sich bei einer Stadtwanderung oder in der Heidelandschaft überraschen, was Ihnen einfällt. Suchen Sie sich ein paar stille Minuten, drei, fünf oder zehn, und schreiben Sie. Seien Sie konkret. Sie können das Zitat auch als Schreibanlass nehmen und sich zwanzig bis dreißig Minuten treiben lassen.

Quelle: Matsuo Bashô (1644–1694), „Auf schmalen Pfaden durchs Hinterland“. [27]

Lesetipp: Marion Poschmann, „Die Kieferninseln“. Sie nimmt in ihrem Roman die Reisebeschreibungen Bashôs auf. „Wie die alten Wandermönche möchte auch er [der Protagonist] den Mond über den Kieferninseln sehen.“ [28]

In Bashôs poetischem Reisetagebuch finden Sie Tagebuchaufzeichnungen und Notizen. In den Text eingestreut sind Haiku, japanische Gedichte aus drei Versen und mit insgesamt siebzehn Silben.

Versuchen Sie, aus dem spontanen Erlebnis heraus im Haiku-Stil zu schreiben: drei Verse mit fünf, sieben und fünf Silben. Zählen Sie die Silben ruhig mit den Fingern

---

27 Das Reisetagebuch „Oku no Hosomichi“ (Auf schmalen Pfaden durchs Hinterland) entstanden 1689, Erstdruck 1702 (Kyôto) / Quelle: Matsuo Bashô, Auf schmalen Pfaden durchs Hinterland, aus dem Japanischen übertragen sowie mit einer Einführung und Annotationen versehen von G.S. Dombrady, Mainz, 2014.

28 Marion Poschmann, Die Kieferninseln, Berlin, 2017, Klappentext.

ab. Es darf eine Silbe mehr oder weniger sein, verbiegen Sie sich und die Verse nicht. Seien Sie prägnant und schlicht, konkret und bildhaft. Schaffen Sie eine geschlossene Komposition, die trotzdem offen bleibt.

Texte können und sollten etwas verschweigen und sind in der Lage, mehr in sich aufzunehmen, als wir auf den ersten Blick vermuten würden. Auch in eine Streichholzschachtel passt vieles hinein, was wir uns nicht vorher überlegen könnten.

Schreibimpuls (16)
„Was in die Streichholzschachtel paßte"

Schreiben: Nehmen Sie das obige Zitat als Anlass und setzen Sie Ihrer Fantasie keine Grenzen. Sammeln Sie und zählen Sie alles auf, was Ihnen in den Sinn kommt, auch ein Elefant oder ein Braunbär finden Platz in der Streichholzschachtel. Geben Sie sich zehn Minuten Zeit. Bearbeiten Sie dann Ihren Text.

Quelle: „Was in die Streichholzschachtel paßte" ist der Titel eines Gedichts von Walle Sayer, aus seinem gleichnamigen Gedichtband[29].

Weiterarbeit: Wandeln Sie das Zitat ab, Idee: „Was in die Hosentaschen passte." Mir ist dazu gleich Tom Sayer beim Zaunweißen eingefallen. Was findet er nicht am Ende eines Tages für Schätze in seinen Hosentaschen, eine Auswahl:

---

29 Walle Sayer, Was in die Streichholzschachtel paßte, Tübingen, 2016, Seite 89.

„Zwölf Murmeln [...] einen Scherben aus blauem Flaschenglas [...] Kaulquappen, sechs Knallfrösche [...] ein Hundehalsband, allerdings ohne Hund [...] vier Apfelsinenschalen."[30] Breiten Sie Ihre Schätze aus und lassen Sie sich inspirieren. Schreiben Sie.

Bei einer Streichholzschachtel oder der Hosentasche sagt unsere Wahrnehmung zuerst, da hat nicht viel Platz. Wie sehr sie sich doch täuscht. Es kommt auf den Blickwinkel an und die Assoziationen, die wir zu einem Gegenstand haben. Die Kastanie vom letzten Jahr, verschrumpelt und matt, die ich in der Hosentasche mit mir herumtrage, erinnert mich an einen goldenen Herbsttag, den letzten mit einer Freundin. Sie hatte sich Kastanien von einem ganz bestimmten Baum nahe am Fluss gewünscht. Dreißig Jahre Freundschaft passen mühelos in eine Hosentasche. Die Kastanie reiht sich ein in all die Zwischenräume, die uns das Leben jeden Tag zeigt, wenn wir sie sehen möchten.

Im Nachlass meiner Mutter habe ich Figuren aus Messing gefunden. Eine Kaffeemühle stand in ihrem Setzkasten über der Gießkanne, die Waage hielt eine Eule im Gleichgewicht. So nahm ich es wahr, der Blickwinkel meiner Mutter blieb mir verschlossen. Ich bin in die Lücken und Zwischenräume hinein gesprungen. Vergangenheit und Gegenwart mischten sich und ich sah meine Kindheit im Setzkasten. Ausgedacht hatte ich es mir vor dem Schreiben nicht.

---

30 Mark Twain, Tom Sayer, Bindlach, 1988, vgl. Das Kapitel „Das ruhmreiche Zaunweißen", Seite 22 ff.

Beispiel: im setzkasten[31]

an der heiliggeistkugel kleben drei sicherheits-
nadeln und beten. hummelfiguren besteigen
eine küchenwaage und feiern sich auf dem sän-
tis mit acro-yoga. dir wird schlecht. der
brummkreisel dreht die gießkanne. mit deinem
linken schiefen schneidezahn fliegt ein tannen-
zapfen ungefragt zu den drei affen nach salem.
sie lutschen kirschkerne und stecken sich holz-
knöpfe ins ohr. haben vorhängeschlösser vor
den augen. im schmetterlingsnetz auf der
mainau verfängt sich dein tennisball. du kannst
es nicht locker nehmen. eine büroklammer lan-
det in der sammeltasse. einmal wenigstens hast
du getroffen. an der kaffeemühle hält eine
dampflok und tankt. dir klebt die zunge am
gaumen. zu viel saufen ist ungesund. im mörser
zerkleinert die eule mit dem stößel fix & foxi
und weiß nicht wohin mit dem feinstaub. du
hustest. sie zündet die petroleumlampe an und
überprüft ihre abgaswerte. selbst der see-
schneck war besser, denkst du. sie holt einen
korkenzieher aus meersburg. chorherrnhalde
oder jungfernstieg? fragt sie. dir ist alles recht.
mit einem matchboxauto hat es begonnen. im
setzkasten mit leberwurstbroten für die zug-
fahrten mit der dampflok geht es weiter. bis in
die große stadt verhungert ein kind in einer
halben stunde, wenn es im setzkasten lebt.

---

31 Jutta Weber-Bock, im setzkasten, in: Mauerläufer 19/20, 6. Literarisches
Jahresheft, Ravensburg, 2020, Seite 102.

Trauen Sie sich und nehmen auch Sie einen anderen Standpunkt ein. Spielen Sie mit Möglichkeiten und seien Sie ein bisschen verrückt. Denn alles ist eine Frage der Perspektive. Oder?

Schreibimpuls (17)
„vielleicht nur eine frage der ...“

Sammeln (1): Welche Menschen kommen Ihnen bei diesem Satzanfang in den Sinn? Möglicherweise ein Lehrer oder eine Lehrerin? Haben Sie einen Nachbarn vor Augen, fällt Ihnen eine Tante ein? Was ist für diesen Menschen „vielleicht nur eine frage der ...“?

Erstellen Sie eine Liste mit Personen. Nummerieren Sie die Aufzählung durch und bitten Sie jemanden, Ihnen eine Nummer zu sagen. Es ist leichter, die Auswahl nicht selbst treffen zu müssen. Auch wenn Ihnen die genannte Person auf den ersten Blick *nicht schmeckt*, überwinden Sie Ihren Widerstand, lassen Sie sich auf Ungewohntes ein und genießen Sie Ihr Abenteuer.

Sammeln (2): Erstellen Sie ein Cluster zu der ausgewählten Person. Notieren Sie etwa zehn Minuten. Vertrauen Sie Ihrem bildlichen Denken und schreiben Sie alles auf, was Ihnen einfällt, auch wenn es auf den ersten Blick nicht zu Ihrer Figur gehört.

Bearbeiten: Entwerfen Sie einen Text zur Person und stellen Sie uns diese in einer Situation vor. Verstricken Sie Ihren Charakter in eine Handlung und bauen Sie das Zitat mit Ihrer Ergänzung ein.

Quelle: Der Satzanfang stammt aus dem ersten Vers des Gedichts „elegie auf einen lateinlehrer" von Jan Wagner und lautet „vielleicht nur eine frage der grammatik".[32]

Jan Wagner lehnt seine Gedichte oft an Zitate, historische Begebenheiten oder Personen an und lässt sich inspirieren.

Sammeln auch Sie zwischendurch und legen Sie sich einen Vorrat an wie die kleine Feldmaus Frederick[33], die Sonnenstrahlen, Farben und Wörter sammelt, obwohl die anderen Mäusen sie rügen, weil sie nicht arbeitet. Denken Sie nicht über eine spätere Verwendung nach. Achten Sie auf den Geschmack der Sprache, lauschen Sie den Schwingungen ihres Klanges und lassen Sie das Material eine Weile auf sich wirken.

Seien Sie besonders aufmerksam, wenn Sie eigentlich keine Zeit haben und es doch so viel davon gibt, zum Beispiel an unserer inzwischen berühmt berüchtigten Bushaltestelle oder in einer Warteschlange. Erinnern Sie sich? Notieren Sie stets gleich, was Ihnen in den Sinn kommt, das entlastet Ihr Gedächtnis und Sie sind sicher, nichts zu vergessen, auch nicht den letzten Sommer.

---

32 Jan Wagner, Die Live Butterfly Show, Gedichte, München, 2018, Seite 17.
33 Leo Lionni, Frederick, Köln, 1988.

Schreibimpuls (18)
„Der Sommer war sehr groß."

Schreiben: Ganz gleich zu welcher Jahreszeit, denken Sie sich zurück in den Sommer und lassen Sie das obige Zitat lebendig werden. Falls Sie sich gerade mitten drin befinden, können Sie das Zitat auch in die Gegenwartsform setzen. Schreiben Sie zehn Minuten.

Bearbeiten: Welche Personen oder Orte gehören für Sie zum Sommer? Schreiben Sie zehn Minuten und lassen Sie Figuren und Schauplätze lebendig werden.

Quelle: Das Zitat stammt von Rainer Maria Rilke aus dem Gedicht „Herbsttag".[34]

Wiederholung: Lesen Sie andere Jahreszeitengedichte und lassen Sie sich von Versen inspirieren. Schreiben Sie dazu und finden Sie für sich eine neue Bedeutungsebene.

Durch den Gemeindebrief unserer evangelischen Kirche bin ich auf das Zitat von Rilke aufmerksam geworden. Ich habe mich erinnert an die eingangs erwähnten Sommerferien im Freibad und an das Eis aus der einzigen italienischen Eisdiele in der Stadt, was nach Zitrone schmeckte. Eine Kugel kostete damals fünfzehn Pfennig.

Fragen Sie sich, welche symbolische Bedeutung für Sie Jahreszeiten haben und schreiben Sie dazu. Spielen Sie mit verschiedenen Möglichkeiten.

---

34 Rainer Maria Rilke, Die Gedichte, Frankfurt a. M., 1986, Seite 344.

Schreibimpuls (19)
„Der Mensch spielt nur, wo er in voller Bedeutung des Wortes Mensch ist, und er ist nur da ganz Mensch, wo er spielt."

Vorbereitung: Versetzen Sie sich zurück in Ihre Kindheit und erstellen Sie eine Liste von Spielen. Nummerieren Sie diese durch und bitten Sie jemanden, eine Zahl auszuwählen.

Sammeln: Clustern Sie zum ausgewählten Spiel und notieren Sie alles, was Ihnen zum Kernwort (zum Beispiel *Gummi Twist* oder *Fußball-spielen*) einfällt. Werten Sie nicht und lassen Sie sich treiben. Was hat Ihnen an dem Spiel gefallen und was nicht? Wer hat mitgespielt? Und wer hat immer gewonnen?

Schreiben: Nehmen Sie uns mit in Ihr Spiel, gehen Sie ganz nah ran und geben Sie uns das Gefühl, mit am Tisch zu sitzen, durch Himmel und Hölle zu hüpfen oder im Tor zu stehen.

Quelle: Das Zitat stammt von Friedrich Schiller aus den Briefen über die ästhetische Erziehung des Menschen.[35]

Weiterarbeit: Nehmen Sie Spielkarten zur Hand, dabei ist es egal, zu welchem Spiel diese gehören. Bauen Sie ein Kartenhaus. Schreiben Sie zehn Minuten darüber und geben Sie ihm eine symbolische Bedeutung. Lassen Sie sich das

---

35 Friedrich Schiller, Briefe über die ästhetische Erziehung des Menschen, 15. Brief, 1795.

folgende Zitat durch den Kopf gehen: „Beim Pokern bekommt man fünf Karten. Drei kann man tauschen, aber zwei muss man behalten: Familie und Heimat."[36] Schreiben Sie zehn Minuten weiter und fragen Sie sich, welchen Stellenwert das Spielen in Ihrer Familie hatte und umkreisen Sie die Rolle, die es in Ihrer Heimat einnahm.

Der Mensch kann nicht nur als „Homo sapiens" oder „Homo faber" gesehen werden, sondern auch als „Homo ludens" (der spielende Mensch), der durch das Spielen die Fantasie anregen und vorgegebene Strukturen überwinden kann.

Betrachten Sie das Schreiben als ein Spiel und folgen Sie ihm voller Lust und Zutrauen. Es geht nicht ums Gewinnen, sondern um das Spielen selbst. Schreiben Sie von Zeit zu Zeit kurze Texte zu Ihren Stichwörtern und lassen Sie andere daran teilhaben, wie Frederick die schwatzhafte Mäusefamilie im Winter mit seinen Vorräten wärmt, ohne etwas vom Wetterbericht zu wissen.

Schreibimpuls (20)
„das hatte der Wetterbericht nicht gesagt ..."

Sammeln: Vervollständigen Sie den Satz und notieren Sie alles, was Ihnen dazu einfällt. Sie können auch ein Cluster mit dem Kernwort *Wetterbericht* erstellen.

---

36 Tayari Jones, In guten wie in schlechten Tagen, Zürich-Hamburg, 2019, Seite 12.

Schreiben: Umkreisen Sie schreibend für unge-
fähr eine Viertelstunde den Satz und geben Sie
ihm eine unerwartete Wendung. Sie können
auch fantastische Elemente verwenden, zum
Beispiel, dass es Frösche regnen wird.

Quelle: Auf den Schreibimpuls hat mich das
Gedicht „blesewitzer messung" von Judith
Zander gebracht, das in dem Gedichtband
„oder tau" erschienen ist. [37]

Anregung: Hören Sie Wetterberichte im Radio
und lassen Sie sich von den poetische Nuancen
inspirieren, die manchmal darin versteckt sind
und die Sie gut zum Schreiben nutzen können.

Das Wetter kann in Texten eine zweite Ebene hinter der
Handlung zeigen. Bei meinen historischen Romanen
habe ich mich oft nicht nur an den Mondphasen, sondern auch am Wetter orientiert, wie es zum Beispiel
Karl Pfaff in der Geschichte der Stadt Stuttgart [38] beschreibt. Ein Kapitel ist den Wetterphänomenen und
der Weinrechnung vorbehalten. Für 1805 hat er notiert:
„Als am 23. [October] die Weinlese begann, mußte man
viele unreife Trauben an den Stöcken stehen lassen und
bekam nur wenig und sauren Wein." [39]

Zeigen Sie, wie Ihrer Figur nicht nur der Wein nicht
schmeckt, sondern sie vielleicht mit dem Leben hadert.

---

37 blesewitzer messung, in: Judith Zander, oder tau, Gedichte,
    München, 2011.
38 Karl Pfaff, Geschichte der Stadt Stuttgart, Zweiter Teil, 1651–1845,
    Kapitel 4, Jahrgänge und Witterung, merkwürdige Naturereignisse,
    Feuersbrünste, Seuchen und andere Unglücksfälle, Stuttgart, 1846.
39 Karl Pfaff, a. a. O., Seite 336.

Das Wetter hat Einfluss aufs Gemüt und auf das Essen. Wenn Hagel die Kirschblüte vernichtet, fehlen später Marmelade und Schnaps. Der Gang in die Schneiderwerkstatt fällt aus, weil Geld knapp ist. Sie können Ihre Person überall hineinversetzen. Trauen Sie sich.

Schreibimpuls (21)
„Die Welt und die Hose"

Zitat: „Der Kunde: Gott hat die Welt in sechs Tagen erschaffen, und Sie schaffen es nicht, mir in sechs Monaten eine Hose zu machen. Der Schneider: Aber, mein Herr, sehen Sie sich doch die Welt an, und sehen Sie da Ihre Hose!"[40]

Vorbereitung: Notieren Sie Stichwörter zum Thema *Meine Kleider*. Wählen Sie aus. Der karierte Rock oder die gerüschte Bluse. Eine Jeans mit Löchern am Knie. Welche beiden Personen könnten darüber reden?

Schreiben: Verfassen Sie im Stil des Zitats einen ersten und einen letzten Satz. Brauchen Sie für die Mitte noch einen dritten? Schreiben Sie ihn auf. Belassen Sie es bei drei Sätzen.

Anregung: Am Ende Ihrer Geschichte sollte etwas anders sein. Eine Kürzestgeschichte zeigt uns einen Moment, aus dem uns die Unmittelbarkeit anblinzelt.

---

40 Samuel Beckett, Die Welt und die Hose, Frankfurt a. M., 1990, Seite 7. Das Zitat spielt auf eine alte Weisheit an. Sie können dazu weitere Kürzestgeschichten lesen von Heiner Feldhoff in dem Band „Becketts Hose", Tübingen, 2015.

Erinnern Sie sich an die Einkaufszettel und die Zettelgeschichten von Kathrin Pläcking?

Lesetipp: Elke Heidenreich, Bernd Schröder, „Rudernde Hunde", Geschichten.

Mithilfe von Kleidungsstücken können Sie das Bild eines Gemütszustandes genauso entwerfen wie anhand des Wetters. Sie können die Figur, zum Beispiel vor dem Spiegel oder durch die Augen einer anderen Person, präzise zeigen. Spielen Sie mit den Möglichkeiten. Sie müssen sich nicht daran halten, was tatsächlich passiert ist und wie die Menschen in Ihrem Leben darauf reagiert haben.

Imre Kertész sagt: „Ich sehe keinen Unterschied zwischen Autobiographie und Fiktion. Wenn ich anfange zu erzählen, was mir passierte, wird es schon etwas anderes als das, was wirklich passierte."[41]

Eine Geschichte beginnt mit dem Erzählen „eine Form zu entwickeln", wie Kertész es nennt. Ihre eigenen Erinnerungen verändern sich mit dem Schreiben und gleichzeitig sind Sie nicht mehr wie vorher. Sie befreien sich durch diesen „Stoffwechsel mit der Wirklichkeit" von den Belastungen aus der Vergangenheit und müssen diese nicht mehr mit sich herumtragen. Schreiben befreit Sie und öffnet neue Räume.

Geben Sie den Leserinnen und Lesern das Gefühl, dabei zu sein in Ihrer Geschichte und erzählen Sie szenisch und dialogisch.

---

41 Imre Kertész im Gespräch mit Jörg Plath, Der Schriftsteller ist eigentlich ein Täuscher, Stuttgarter Zeitung, 14.10.2006.

Gehen Sie nah ran, wie die Zitate es Ihnen vorgeführt haben. Immer spricht da jemand. Geben Sie ihm einen Widerpart, sodass es knirscht wie Sand zwischen den Zähnen. Eine neue Hose oder ein luftiges Kleid verändern Ihr Äußeres, aber nicht die Welt. Oder doch?

Wer den Zustand der Welt, in der wir leben, nicht sieht, hat schwerlich etwas über sie zu sagen. Diese Worte von Elias Canetti habe ich mir vor langer Zeit einmal notiert, ohne eine Quelle angeben zu können. Sein Gedanke aber ist bei mir hängen geblieben und begleitet mich seitdem nicht nur beim Schreiben.

Schreiben stärkt Sie selbst auch in Ihrer Alltagskompetenz, wenn Sie kontroverse Themen aufgreifen und bearbeiten. Denken Sie an die Unschärferelation, die Hartmut Lange erwähnt und wie Sie durch die Bearbeitung der Wirklichkeit im Schreiben der Realität eine neue Dimension hinzufügen, wie Kertész sagt.

Wenn Sie schreiben, setzen Sie sich nicht nur mit Ihrer Welt, sondern auch mit anderen Lebensformen und neuen Argumenten auseinander. Und in jeder Ihrer Ideen stecken nach Stephen W. Hawking immer alle Geschichten, die möglich sind oder die ein ungewohntes Bild von der Wirklichkeit vermitteln.

Insofern kann Schreiben zu Toleranz gegenüber anderen Wertmaßstäben beziehungsweise zur Überprüfung der eigenen Position beitragen.

Zusammenfassung

Lesen Sie, worauf auch immer Sie Lust haben. Ob es Gedichte oder Kriminalromane sind, lassen Sie sich verführen. Seien Sie aufmerksam und notieren Sie es sich sofort, wenn Ihnen eine Formulierung auffällt und nicht aus dem Sinn gehen mag.

Unsere Kreativität hängt nicht im luftleeren Raum, sondern baut auf Erfahrungen auf, die andere vor uns gemacht haben. Schöpfen Sie aus diesem Wissen und schaffen Sie etwas Neues. Kopieren Sie nicht. Verändern Sie das Gelesene und eignen Sie es sich an.

Es sind immer die eigenen Gedanken und Gefühle im Kontext mit der Welt, die uns weiterführen. Durch das Schreiben kann unser Leben einen Sinn bekommen. Wir alle verändern uns tagtäglich und wenn wir lesen, suchen wir in den Büchern (und Zitaten) auch nach Mustern für unser eigenes Verhalten.

Von Pablo Picasso soll das folgende Zitat stammen: *Der Sinn des Lebens besteht darin, deine Gabe zu finden. Der Zweck des Lebens ist, sie zu verschenken.* Auch das blieb mir im Gedächtnis.

Schreiben Sie und verschenken Sie Ihre Gaben. Sie werden andere und sich glücklich machen. Begeben Sie sich auf Spurensuche.

Kapitel 5: Spurensuche

Autobiografisches: atlantis [42]

eine rote handtasche. angesengte topflappen. ringelsocken
tunnelfunde. gummistiefel und ein geblümtes kopftuch

feuerlöscher und kameras. paarweise umtanzen sie
eine suppenterrine mit fischgerippe und eidechse

tausendfüßler. zusammengeklumpt. spielzeugbagger
ein wanderrucksack verhakt sich im wunderbaum

rizinus drückt durch die wand. schmeckt nach eisen
die midgardschlange verschmäht ihren kopf. bobbycar-

musik plärrt. bremslichter in der grünen hölle
ein projekt zur verbesserung der infrastruktur

neuzeitliches getöse: scheinwerfer erbrechen sich
über einer illegalen müllkippe. ein christus am kreuz. lächelt

Eine Spurensuche zu einem Urlaub in Madeira inspirierte mich zu einem fünfteiligen Gedichtzyklus über „atlantis", von dem ich Ihnen den ersten Teil mitgebracht habe.

Im Gegensatz zu den Zitaten führen Sie die Impulse in diesem Kapitel eher nach innen.

Die Spurensuche nimmt Sie mit zu verschiedenen Aspekten des autobiografischen Schreibens. Ob Sie über Schwellen gehen oder sich einlassen auf ein Experiment zur Anregung Ihrer Kreativität, seien Sie gewiss, dass Sie stets ganz bei sich selbst bleiben.

---

42 Jutta Weber-Bock, atlantis, in: Lyrik der Gegenwart (95), Feldkircher Lyrikpreis 2020, Erika Kronabitter (Hg.), st. wolfgang, 2020, Seite 104 ff.

Folgen Sie Ihren eigenen Wegen und fragen Sie sich, was Sie gerne tun würden. Erkunden Sie Grenzlinien und öffnen Sie sich den schönen Dingen und Erinnerungen in Ihrem Leben.

Wenn Sie schreiben, überwinden Sie wahrscheinlich jeden Tag Ihre ganz persönlichen Schwellen im realen und übertragenen Sinn. Beginnen Sie damit.

Schreibimpuls (22)
Stichwort: Schwellen [43]

Vorbereitung: Sammeln Sie Assoziationen zum Stichwort. Welche Schwellen kommen Ihnen in den Sinn? Türschwellen oder Eisenbahnschwellen? Wo befinden sich diese?

Schreiben: Wählen Sie drei konkrete Schwellen aus. Schreiben Sie dreimal zehn Minuten.

Bearbeiten: Suchen Sie Wortkombinationen im Zusammenhang mit *Schwellen* und bilden Sie damit Sätze. Schreiben Sie weitere dreimal fünf Minuten.

Wiederholen: Nehmen Sie drei Schwellen im übertragenen Sinne und schreiben Sie dazu. Sind es Hemmschwellen, Reizschwellen oder Hörschwellen?

Anregung: Sie können sich auch auf eine reale Schwelle setzen und dort schreiben. Wie verändert sich das Schreiben am Schwellenort?

---

43 Nach Segeberger Briefe, Zeitschrift für Kreatives Schreiben, No. 102 und 103, Kassel/Kaufungen, 2021.

Wie sitzen Sie? Und wo haben Sie sich niedergelassen? Beschreiben Sie die Schwelle mit allen Sinnen.

Benennen Sie Ihre Schreibschwellen, machen Sie eine Liste und befestigen Sie mit dieser Methode Ihre Befürchtungen und Ängste. Was Sie aufschreiben, *bannen* Sie. Welche kreativen Methoden gäbe es, um Schreibschwellen anders als bisher zu betrachten, und zwar im Sinne einer Weichenstellung?

Beispiele für Schwellen

- Schwellen in Fachwerkhäusern;
- Türschwellen;
- Schwellen in verkehrsberuhigten Straßen (Bremsschwellen);
- Bahnschwellen aus Ihrer Kindheit: Erinnern Sie sich an das Geräusch? Oder an Gleise, die sich verzweigen und am Horizont zusammenlaufen?;
- Landeschwelle (Begrenzung der Landebahn für Flugzeuge);
- Reizschwelle (Grenzwert);
- Übergänge (Ein- und Ausatmen, Ebbe und Flut);
- Redensart: die Braut über die Schwelle tragen;
- Schwellenländer;
- Schwelle vom Mittelalter zur Neuzeit (Wechsel in ein neues Zeitalter);

- innere Schwellen (Grenzen);

- Hemmschwellen;

- Schwelle zwischen Leben und Tod.

Vielleicht erinnern Sie sich auch an Schwellenfiguren wie Sisyphus oder Graf Dracula. Versuchen Sie, diese sprechen zu lassen.

Oder geben Sie einer Schwelle Ihre Stimme und vollziehen Sie einen Perspektivwechsel. Sie können Ihren Text gestalten als *Tagebuchaufzeichnungen einer Schwelle*. Was notiert die Schwelle zu einem Hochzeitskleid, von dem sie gestreichelt wird, oder zu den hüpfenden Kindern, die kein Ende finden in ihrem Spiel?

Um weitere Assoziationen zu sammeln, können Sie auch ein Clustering durchführen. Nehmen Sie *Schwellen* als Kernwort und notieren Sie alles, was Ihnen einfällt.

Probieren Sie aus, bei oder mit Reizschwellen zu schreiben. Hören Sie Musik nahe an der Schmerzgrenze, verweilen Sie in penetranten Gerüchen wie zum Beispiel von Kohl und geben Sie sich abartigen Geschmacksempfindungen hin. Ein Brot, dick belegt mit Gouda und darauf Erdbeermarmelade? Was passiert bei und mit Ihnen, wenn Sie vielleicht schon beim Lesen die Reizschwelle überschreiten? Haben Sie unangenehme Erinnerungen? Schreiben Sie dazu.

Sie können sich auch fragen, welche Schwellen Sie im Laufe Ihres Leben überschritten haben und was Sie gerne hinter sich lassen möchten. Schreiben Sie es weg und befreien Sie sich ein weiteres Mal.

Von Paul Celan ist 1955 der Gedichtband „Von Schwelle zu Schwelle"[44] erschienen. Es gibt darin kein Gedicht, das so heißt. Er selbst erläutert den Buchtitel:

> „Damit ist [...] außer einem gewiß nicht unwesentlichen Zug des Dichterischen, seinem liminären [schwellenähnlichen] Charakter nämlich, auch das Nie-zur-Ruhe-Kommen des Poetischen angedeutet und mithin wohl auch der – schlechthin unerfüllbare – Unendlichkeitsanspruch jeglicher Aussage in diesem Bereich."[45]

Mit familiären Schwellen habe ich mich in meinem Prosagedicht „plattenwege" auseinandergesetzt:

Beispiel: plattenwege[46]

unter dem sauerkirschbaum flecken vom gefallenen mädchen, fünf sommer lang ein aufstehen und ein trotziges ja, der pfau rasselt dazu in seinem takt, hummeln machen honig, sagt mutter, sitz still, keine hüpfer mehr auf den platten, es will aber doch, zum bahndamm, den es nicht gibt, füße laufen in verschiedene richtungen, eine dampflok zischt und stampft, verfolgt das mädchen bis zur fritz-reuter-straße nummer zehn, der hühnerstall steht im weg

44 Paul Celan, Von Schwelle zu Schwelle, Gedichte, Stuttgart, 1955.
45 Paul Celan, Von Schwelle zu Schwelle, Vorstufen – Textgenese – Endfassung, bearbeitet von Heino Schmull, unter Mitarbeit von Christiane Braun und Markus Heilmann, Frankfurt a. M., 2002, Seite IX.
46 Jutta Weber-Bock. plattenwege, in: Anthologie 2021, Autorinnenvereinigung e. V., Norderstedt, 2021, Seite 151 ff.

und kräht, das mädchen muss die erbsen aus-
döppen, ein fingerspiel, es tut ganz eifrig, zieht
den bohnen die fäden ab, entsteint sauerkirschen mit einer alten, aufgebogenen haarnadel,
immer still sitzen und fleißig sein soll das mädchen, doch hahnenfuß wächst sich nicht aus, es
nickt dazu, die wäsche flattert mit adenauers
rosen im westwind, randsteine kriegen pickel,
erhardt schlägt margarine zu butterbergen, die
mutter, das mädchen und der teppichklopfer
können nicht still sitzen, hinter dem hänselstall
wohnen die schweine auf der wiese für röcke
und hühner, es blüht und summt, das mädchen
guckt in die luft, da, eine wolke, wie ein hahn, es
klatscht, der pfau schreit, spreizt sein gefieder,
ein zapfen vom letzten jahr vergibt sich, mutter
näht und flicht keine zöpfe, sauerkirschen halten immer zusammen.

Lassen Sie sich, wie ich in dem obigen Textauszug, auf
ein Experiment ein zur Anregung Ihrer Kreativität. Es
geht um Betrachtungen auf ungewöhnliche Weise und
um die Frage, wie wir unsere Wahrnehmung anders fil-
tern können als normalerweise.

Wenn wir Schauplätze und Personen nur oberfläch-
lich anschauen und sie nach den üblichen Mustern
beurteilen, ist in erster Linie unser Kopf daran beteiligt.
Kreativität entsteht aber nicht im Kopf, sondern im
Bauch, in den Fingerspitzen, den Ohren, der Nase und
auf der Zunge, natürlich auch mit dem Auge.

Es kommt darauf an, durch kleine Tricks die Wahrnehmung zu verändern und dadurch Ungewöhnliches zu entdecken und sich auf Spurensuche zu begeben. [47]

Schreibimpuls (23)
Spurensuche

Einführung: Hier einige Möglichkeiten, wie Sie das Experiment durchführen können, natürlich sind Ihrer Fantasie keine Grenzen gesetzt:

HÖREN: Straßenlärm (Reduzieren), Ohren zuhalten (Dämpfen), Klospülung (sich auf etwas konzentrieren);

SEHEN: Schuhperspektive (den Standpunkt wechseln), durch ein Rohr schauen (einen Bildausschnitt betrachten), blinzeln (Weichzeichner-Effekt);

FÜHLEN (mit geschlossenen Augen): Holzbalken abtasten, eine Tür von innen und außen streicheln, die Finger über Mauersteine und ihre Fugen gleiten lassen;

RIECHEN: Wie riecht es vor der Tür, auf der Straße, im Keller (Gibt es dort eine Heizung oder eine Waschküche?), in der Küche, wenn der Mülleimer lange nicht geleert wurde;

SCHMECKEN: Espresso oder Kaffee, grüner Tee oder Kräutertee, Apfelsaft oder Wasser, Brezel oder Schokoladenkekse.

---

47 Idee nach Ulrich Liebnau, EigenSinn, Frankfurt a. M., 1995, Seite 41.

Vorbereitung: Wählen Sie EINEN Sinn aus und nehmen Sie sich EINE Möglichkeit vor. Gehen Sie eine Viertelstunde durch die Wohnung, den Garten oder die Straße. Sammeln und notieren Sie Eindrücke und Ideen von Hand.

Schreiben: Entwerfen Sie eine Skizze zum Schauplatz und zu den Personen und sprechen Sie dabei die Sinne an. Übertreiben Sie übungshalber ruhig ein wenig. Nehmen Sie sich mindestens zehn Minuten Zeit.

Beim Schreiben hat es mir immer sehr geholfen, mich an Beispielen aus der Literatur zu orientieren. Lesen Sie die ersten beiden Seiten von „Effi Briest"[48], um die Technik einer Kamerafahrt zu einem Schauplatz zu studieren, oder lassen Sie sich von John Steinbeck mitnehmen in „Die Straße der Ölsardinen"[49]. Diese Spurensuche führt Sie auf neue Wege. Trauen Sie sich und laufen Sie los, ohne lange nachzudenken.

Schreibimpuls (24)
Der Weg ...

Vorbereitung: Überlegen Sie, welchen Wegen Sie in der letzten Woche gefolgt sind. Legen Sie sich eine Stichwortsammlung an: Der Weg zum Einkaufen im Supermarkt, zur Oper, ins Kino, zum Wochenmarkt. Notieren Sie sich wieder ganz normale Eindrücke oder Vorkommnisse.

---

48 Theodor Fontane, Effi Briest, verschiedene Ausgaben.
49 John Steinbeck, Die Straße der Ölsardinen, München, 2010.

Schreiben: Wählen Sie einen Weg aus und lassen Sie etwas passieren, das nicht sein kann, und doch glauben wir es ...

Bearbeiten: Stellen Sie etwas Alltägliches in den Mittelpunkt Ihres Textes und geben Sie dann eine Prise Fantastisches dazu: Bäume, die zu Wanderbäumen werden; rot-weiße Absperrbänder, um ein blaues Toilettenhäuschen geschlungen, aus dem jemand ruft; eine Frau, die Kastanien aufsammelt und plötzlich beginnt, andere zu bewerfen. Schreiben Sie es schnell auf, damit die Kastanien niemanden verletzen.

Der Weg ist in diesem Fall nicht das Ziel, sondern ein Startpunkt, aus dem etwas Neues wachsen kann. Eine Welt, die wir mit anderen Augen sehen, und die uns zu dem führt, was wir gerne tun würden.

Schreibimpuls (25)
Was ich gerne tun würde ... [50]

Vorbereitung: Schreiben Sie zwanzig Dinge auf, die Sie gerne tun würden. Nummerieren Sie Ihre Liste durch. Bitten Sie wieder jemanden, Ihnen eine Nummer zu sagen.

Schreiben: Nehmen Sie sich fünf Minuten Zeit und schreiben Sie darüber. Hören Sie dann unbedingt auf, auch wenn Ihnen noch mehr im Kopf herumschwirrt.

---

50 Idee aus Julia Cameron, Der Weg des Künstlers, München, 2001, Seite 110.

Weiterarbeit: Überlegen Sie, wann Sie sich das, worüber Sie geschrieben haben, zuletzt gegönnt haben. Schreiben Sie fünf Minuten weiter.

Bearbeiten: Fragen Sie sich, welcher Stoff in Ihrem Text steckt. Bearbeiten Sie ihn und erkunden Sie jetzt schreibend alle Ideen, die Ihnen in den Sinn kommen.

Gestalten: Nehmen Sie Ihr umfangreiches Material und formen Sie es zu einer Geschichte. Schlagen Sie einen Bogen vom Anfang zum Ende.

Wiederholung: Versuchen Sie, jede Woche einer geliebten Tätigkeit nachzugehen. Verfassen Sie darüber einen kurzen Text.

Anregung: Wechseln Sie beim Schreiben zwischen der Innen- und Außenperspektive, übungshalber nach jedem Satz.

Statt Lieblingsbeschäftigungen können Sie auch Schauplätze oder Personen sammeln, die Sie mögen oder auch hassen. Schreiben Sie darüber jeweils drei Minuten, beschaffen Sie sich die schon erwähnte *Wolle zum Stricken*.

Sichten Sie Ihr Material: Wo könnte Stoff drin stecken für eine Kürzestgeschichte? Und wo finden Sie Hoffnung, die Sie vielleicht auf diese Weise noch nie gesehen haben? Gehen Sie erneut den Spuren nach, die sich Ihnen zeigen und entscheiden Sie sich für eine Abzweigung. Keine Sorge, sie ist auf jeden Fall richtig. Hauptsache: Sie schreiben.

Schreibimpuls (26)
„Meine Straße roch nach Hoffnung"

Sammeln (1): Notieren Sie assoziativ zehn Minuten alles, was Ihnen zu dem Zitat durch den Kopf geht.

Sammeln (2): Nehmen Sie sich weitere zehn Minuten Zeit und suchen Sie zur *Hoffnung* konkrete Bilder. Welche Sinneseindrücke fallen Ihnen ein?

Sammeln (3): Überlegen Sie sich Personen, die in Ihren Text hineinpassen. Erstellen Sie eine Liste, die Sie von Zeit zu Zeit erweitern.

Sammeln (4): Welche Straße kennen Sie, die zu Ihren Notizen passt?

Schreiben: Schreiben Sie jetzt einen Text und zeigen Sie dem Leser, wie es dort riecht und bei wem ein Gefühl von Hoffnung entsteht.

Gestatten Sie sich eine Spurensuche wie ein schnüffelnder Hund und vertrauen Sie darauf, dass sich die Stichwörter beim Schreiben so miteinander vermählen, dass es Sie erstaunt und entzückt zugleich.

Das Zitat „Meine Straße roch nach Hoffnung" stammt aus dem Gedicht „Bartolomea in Buenos Aires" und ist von Julia Wong Kcomt [51]. Sie finden es auf der Plattform

---

51 Julia Wong Kcomt, geboren 1965 in Chepén, Peru, kommt aus einer chinesisch-peruanischen Familie. Sie lebt in Lima und Lissabon und ihr Leben gleicht einer Spurensuche. Von ihr liegen sechzehn Gedichtbände vor.

lyrikline.org, wo es auch eine Übersetzung des Gedichts aus dem Spanischen gibt. Die Lyrikerin hat an vielen Stellen auf der Welt gelebt, wobei ein Schauplatz bei ihr immer wie eine Momentaufnahme ist.

Sicher kennen auch Sie solche Schnappschüsse. Das blitzschnelle Erfassen eines Ortes, einer Landschaft, eines Waldwegs, eines Hauses oder einer Treppe und schon setzen sich Assoziationen in Gang. Was Sie am Anfang nicht wahrnehmen, sind die Grenzen.

Schreibimpuls (27)
Grenzlinien

Vorbereitung: Führen Sie sich erneut die vergangene Woche vor Augen. Zu welchen Orten haben Sie im Augenblick einen Bezug? Wo finden Sie sich wieder?

Schreiben: Gehen Sie Ihrer Idee nach und notieren Sie fünfzehn Minuten, was immer Ihnen einfällt. Unterwerfen Sie sich keinerlei Vorgaben. Auch nicht denen, die Sie sich selbst geben. Alles ist erlaubt.

Hinweis: Seien Sie nicht unglücklich, falls Sie keine Zeit zum Schreiben finden. Sie schreiben nämlich auch dann, wenn Sie nicht schreiben, sondern nachdenken. Das Schreiben im Kopf ist für den kreativen Prozess mindestens genauso wichtig wie das Schreiben selbst. Damit hat mich mein Kollege Imre Török einmal getröstet, als ich über die fehlende Zeit zum Schreiben gejammert habe.

Weiterarbeit: Lesen Sie Ihren Text und rufen Sie sich das Bild des Schauplatzes ins Gedächtnis. Benennen Sie die Grenzlinien.

Anregung: Lesen Sie nach bei „Effi Briest", welche Grenzlinien Fontane beschreibt.

Literaturtipp: Heinrich Böll, „Irisches Tagebuch", das Kapitel „Limerick am Abend".[52]

Beispiele für Grenzlinien

* alle Wege (Kanäle), an denen entlang die Wahrnehmung verläuft, wie Arbeitswege, Einkaufswege, Kneipenwege, Strandwege;

* Grenzlinien/Ränder rahmen die Wege ein und schaffen Unterbrechungen, dazu gehören Häuserblocks oder Berge, Flüsse und Eisenbahnlinien;

* Bereiche (räumliche Flächen), wie Parks, Stadtteile, Wiesen);

* Brennpunkte sind intensiv genutzte Zentralpunkte, wie Kreuzungen, Marktplätze, Cafés;

* Merk- und Wahrzeichen (optische Bezugspunkte) wie Türme, Brücken, Wasserfälle.

Wenn Sie sich Grenzlinien zu einem Ort überlegen, entsteht unbewusst auch eine Karte im Kopf. Ich habe Ihnen eine mitgebracht.

---

52 Heinrich Böll, Irisches Tagebuch, verschiedenen Ausgaben.

Beispiel: Die Karte im Kopf[53]

Ich faltete den Stadtplan auseinander. Eine verwirrende Anzahl von Kirchenkreuzen, weiß auf schwarzem Grund. Aussichtspunkte mit einer blauen Sonne. Zwei dicke gelbe Bundesstraßen umklammerten die Stadt, der unregelmäßig breite blaue Neckar zerschnitt sie. Häuserbilderquadrate. Ein anderer Stadtplan legt sich darüber. Die Stadt meiner Kindheit, mit Autobahnanschluss nach Amsterdam. Zwischen feuchten Wiesen und sauber restaurierten Niedersachsenbauten. Quadratbilderhäuser. Auf dem Stadtplan locken rote Sonnen sonntags zu allen Aussichtspunkten.

Ein Schauplatz hat die Aufgabe, eine Atmosphäre zu schaffen und bei den Charakteren und auch den Lesern Stimmungen hervorzurufen.

Oft dient ein Schauplatz auch als Metapher für Emotionen. Wir sind, was wir anziehen, sammeln, lesen, essen, trinken. Wir sind die Umgebung, in der wir leben und arbeiten. Dasselbe gilt für unsere Charaktere.

Mithilfe der Umgebung einer Person stellen wir dar, wer die Figur ist. Das Übrige wird vom Leser gedeutet.

Verlassen Sie sich bei der Beschreibung eines Schauplatzes auf konkrete Details, die für sich selbst und zugleich etwas anderes sprechen, sodass man sie intuitiv erfassen kann.

---

53 Jutta Weber-Bock, Die Karte im Kopf, in: Deutsch-Schweizer Autorentreffen, Matinee, Rottweiler Begegnung, Rottweil, 2001, Seite 27/28.

Sie können darauf vertrauen, dass Ihnen das, was Sie finden wollen, von selbst ins Auge springt.

Anregung: Beschreiben Sie die innere Landschaft einer Person. Dafür können Sie ein Zimmer auswählen, den Kühlschrank oder den Einkaufswagen. Geben Sie den Leserinnen und Lesern einen Eindruck vom Gemütszustand Ihrer Person. Das ist nichts Statisches, sondern sollte ein Teil Ihres Erzählens sein.

Beispiel (1): Zu Ihrer Figur gehört ein ganz in Weiß gehaltenes Wohnzimmer. Der Fußboden ist mit weißen Fliesen ausgelegt, darauf schwebt ein weißes Kunstledersofa. Es gibt weiße Vorhänge, einen weißen Bildschirm und ein paar weiße Schuhe stehen in der Ecke. Auf einem Glastisch steht eine Schale mit Orangen.

Beispiel (2): Sie öffnen den Kühlschrank Ihrer Person. Das Gemüsefach ist voll mit Bierflaschen. Eine Schachtel mit Salami-Pizza liegt im Fach darüber. Daneben stehen drei Dosen mit einem Energydrink. Von oben schauen zwei verschrumpelte Äpfel herunter und eine braun gewordene Banane verströmt einen süßlich fauligen Geruch.

Sicher fallen Ihnen weitere Beispiele ein, wenn Sie in Gedanken Ihren Bekannten- oder Freundeskreis durchgehen. Notieren Sie alles und schaffen Sie einen Vorrat an Schauplätzen und Personen. Mischen Sie Reales und Erfundenes, denn niemand sollte sich selbst oder seine Umgebung bei Ihren Beschreibungen wiedererkennen können.

Statten Sie Ihre Orte je nach Jahreszeit aus, zum Beispiel im Frühjahr mit einer kleinen Tulpenpflanze vom Wochenmarkt oder zur Adventszeit mit einem Weihnachtsstern. Widmen Sie sich den schönen Momenten des Lebens.

Schreibimpuls (28)
Das Schönste in der letzten Woche

Einstieg: Überlegen Sie nur kurz und greifen Sie zu, was Ihnen die Erinnerung aus der letzten Woche an schönen Dingen anbietet. Schreiben Sie fünf Minuten.

Weiterarbeit: Erstellen Sie eine Liste und lassen Sie blind jemanden etwas auswählen. Schreiben Sie zehn Minuten dazu.

Anmerkung: Wenn Sie auf diese Art und Weise schreiben, entstehen sogenannte *flüssige* Texte. Sie können und sollen nicht fertig sein. Holen Sie sich aber trotzdem bei jemandem eine Rückmeldung. Möglich sind Spontaneindrücke, die Ihnen weiterhelfen können.

Auch wenn ich mich wiederhole: Einen Einstieg ins Thema finden Sie am besten durch das Schreiben selbst. Lassen Sie sich darauf ein, springen Sie ins Wasser wie ich damals im Freibad, ohne die Eltern zu fragen. Sie werden genau so wenig ertrinken, wie ich, versprochen. Sie müssen, wie gesagt, niemanden um Erlaubnis bitten, auch sich selbst nicht.

Es geht immer noch darum, die Angst vor dem weißen Blatt zu überwinden und Lust am Schreiben zu entwickeln. Erlauben Sie sich alles, zensieren Sie sich nicht.

Dazu ein Zitat von Friedrich Schiller, der 1788 an seinen Freund Gottfried Körner schreibt:

> „Der Grund Deiner Klagen liegt, wie mir scheint, in dem Zwang, den Dein Verstand Deiner Imagination auferlegte. [...] Es scheint nicht gut und dem Schöpfungswerke der Seele nachtheilig zu sein, wenn der Verstand die zuströmenden Ideen, gleichsam an den Thoren schon zu scharf mustert. [...] Bei einem schöpferischen Kopfe hingegen, däucht mir, hat der Verstand seine Wache vor den Thoren zurückgezogen, die Ideen stürzen ... herein, und alsdann erst übersieht und mustert er den großen Haufen [...]“. [54]

Welche Ideen Ihnen in den Sinn kommen, wissen Sie zum Glück vorher nicht, denn Kreativität lebt vor allem vom Zufall. Gerade beim Schreiben im Alltag hängt es sehr davon ab, was uns begegnet, sozusagen *anspringt*. Oder ist es kein Zufall?

---

54 Friedrich Schiller an Gottfried Körner, 1. Dezember 1788, Schiller-Archiv, online.

Für Elias Canetti hing es vom Zufall des Gelesenen ab, was wir letztlich sind. Und so zufällig, oder auch nicht, ist mir der folgende Satzanfang beim Lesen in die Finger und zwischen die Zeilen geraten.

Schreibimpuls (29)
„dieser wie auf frischen Erdbeeren ...“

Vorbereitung: Schließen Sie die Augen und stellen Sie sich vor, eine Erdbeere zu essen. Schieben Sie sich die Frucht in den Mund, trauen Sie sich, kräftig zuzubeißen und zu kauen. Was schmecken Sie?

Schreiben: Öffnen Sie die Augen und schenken Sie den Assoziationen und Empfindungen Ihre Aufmerksamkeit. Notieren Sie zehn Minuten.

Quelle: Der Satzanfang, der Ihnen als Schreibimpuls gedient hat, ist der Anfang eines Verses von Gerhard Falkner. „dieser wie auf frischen erdbeeren anbrechende / morgen ...[55] Lassen Sie sich erfrischen und bauen Sie ihn in Ihren Text ein.

Weiterarbeit: Probieren Sie es mit Kirschen oder Aprikosen. Ist es nicht köstlich, wie sie im Mund zergehen und wie der Saft schmeckt?

---

55 Gerhard Falkner,: so beginnen am körper die tage. gedichte und aufzeichnungen aus einem kalten vierteljahr. darmstadt und neuwied, 1981, Seite 40.

Zusammenfassung

Die Schreibimpulse im vergangenen Kapitel mögen Ihnen Anregungen geben zu einer Spurensuche in Ihrer Autobiografie.

Nach Christa Wolf ist der Hauptantrieb fürs Schreiben die Selbsterforschung.

Lassen auch Sie sich darauf ein. Ob Sie sich Klarheit über ihr gegenwärtiges Leben verschaffen oder Ausschnitte ihrer Biografie niederschreiben möchten: Sie können gespannt sein auf das Biotop Ihrer Innenwelt und seine Beziehung zur Außenwelt.

Mit verschiedenen kreativen Methoden haben Sie Erinnerungen aus dem eigenen Leben freigesetzt und diese als Ausgangspunkte für das Schreiben genutzt. Vergessen Sie nicht, wie hilfreich es ist, die rationale Wahrnehmung für eine Weile auszuschalten. Setzen Sie das kognitive Denken mit einer Tüte Salzstangen oder einer Tafel Schokolade vor den Fernseher und schreiben Sie.

Die Spurensuche kann Sie zu kleineren, in sich geschlossenen, autobiografischen Texten führen. Manchmal befruchten sich die Ideen gegenseitig und plötzlich fällt Ihnen eine Geschichte ein.

Sie beginnen, Stoff aus dem eigenen Leben herauszufiltern, aus dem Verhältnis zu den Menschen und den Dingen.

Lernen Sie im nächsten Kapitel weitere Möglichkeiten kennen, beim Schreiben alle Sinne einzubeziehen.

Kapitel 6: Mit allen Sinnen

Autobiografisches: Unterwegs [56]

In den Zeiten, als ich noch Motorrad gefahren bin, haben mich in den griechischen Bergdörfern die Hunde gehetzt und nach meinen Stiefeln geschnappt. Den Zähnen bin ich immer entkommen und zum Glück nicht gestürzt.

Lange habe ich gegrübelt, warum sie nur mir hinterhergerannt sind und nicht meinem Kumpel, bis ich eines Abends die Motorradstiefel gefettet habe und er sagte: „Warte mal. Es riecht nach Salami. Das erklärt alles."

Das Lederfett hat übrigens auch so geschmeckt, ich habe es getestet. Die Nasen der Hunde waren auf der richtigen Spur.

Dahin möchte ich auch Sie bringen, auf eine Spur. Sinnlich zu schreiben, kann Ihnen bei der Fiktionalisierung helfen. Beobachten und sehen Sie nicht nur, sondern öffnen Sie sich beim Schreiben neuen Dimensionen und riechen, schmecken, fühlen und hören Sie. In den letzten Kapiteln haben Sie bereits damit begonnen.

Wörter sind frisch gekochtes Apfelmus mit Nelken, der Presslufthammer auf einer Baustelle oder kühle Seide auf der Haut in einem heißen Sommer.

Versuchen Sie es für den Anfang mit einer Alltagshandlung und lassen Sie sich mit allen Sinnen darauf ein.

---

56 Jutta Weber-Bock, unveröffentlicht.

Schreibimpuls (30)
Schuhe putzen

Sammeln: Erstellen Sie eine ungeordnete Sammlung von Stichworten zum Thema *Schuhe putzen*. Schreiben Sie dabei nur sinnliche Eindrücke auf.

Bearbeiten: Greifen Sie hinein in Ihre Stichwortsammlung und bedienen Sie sich. Beschreiben Sie das Putzen der Schuhe möglichst genau. Malen Sie mit Worten.

Beispiele: Heribert Kuhn erzählt in seinem Text „Shoebone", wie ein Diener die Schuhe seiner Herrschaft putzt und über sein Werkzeug sagt, „es handele sich bei dem Knochen [...] um den Vorderlauf einer Hirschkuh. [...] Dieser spezielle Knochen sondere ein Sekret ab, »Knochenöl« genannt. [...] Mit beiden Händen hatte Robert den Schuhknochen gefaßt und mit der Längsseite über den Schaft des Stiefels geführt [...]"[57]

In meinem historischen Roman „Das Mündel des Hofmedicus" erzähle ich davon, wie sich die Hauptfigur Christiane oft zum Schuhmacher flüchtet: „Tief sog sie diese Mischung ein aus Leder, Schuhwichse und Öl, und ihre Schwermut verflog. [...] Ein stilles Einverständnis lag in der Luft. [...] Im Vogelkäfig am Fenster zwitscherten die Kohlmeisen »Sieh-da-sieh-da.«

---

57 Heribert Kuhn, Shoebone, in: Mauerläufer Nr. 5, 18/19, Literarisches Jahresheft, Ravensburg, 2019, Seite 142.

Sie saß auf dem dreibeinigen Schemel bei der Wasserwanne und sah ihnen zu. Die Zeit hüpfte wie die Vögel hin und her zwischen den Zangen zum Beißen und Zwicken, Falten und Ziehen. [...] In der Charlottenstraße stellte sie die Schuhe auf eine Treppenstufe. Wie neu. Der Absatz mit geraden scharfen Kanten, das Leder schmatzte vor Fett. Am schönsten jedoch waren diese Knöpfe, die alles versprachen."[58]

Gestalten: Orientieren Sie sich an den Beispielen und bauen Sie möglichst viele sinnliche Empfindungen in den Text ein.

Anregung: Sie können auch ein Lieblingsessen nehmen und dazu schreiben. Was haben Sie zum Beispiel in Ihrer Kindheit gerne gemocht? Wovor haben Sie sich geekelt? Und welches Essen haben Sie von einer Reise mitgebracht, weil es Ihnen so unvergleichlich gut geschmeckt hat? Waren Sie zu Hause dann vielleicht enttäuscht?

Hintergrund: Schilderung

*   heißt ursprünglich „malen";

*   In einer Schilderung geht es um die Darstellung von persönlichen Eindrücken und Empfindungen, weniger um Handlung;

*   Die Leser soll die besondere Stimmung unmittelbar miterleben;

---

58 Jutta Weber-Bock, Das Mündel des Hofmedicus, Meßkirch, 2020, Seite 328/329.

- Stilmerkmale: keine Einleitung, anschauliche Adjektive, treffende Verben und Substantive, Wiedergabe sinnlicher Eindrücke, kreative Wortverbindungen, bildreiche Sprache (Metaphern, Vergleiche, Lautmalerei);
- Tempus: Präsens oder Präteritum.

In unseren alltäglichen Handlungen steckt unendlich viel Sinnlichkeit und Material für Geschichten. Schildern Sie, wie Sie Betten machen, Suppe kochen oder das Auto waschen. Wählen Sie etwas aus und notieren Sie ein paar Stichworte. Denken Sie daran, es geht darum, einfach anzufangen und den Kopf auszufegen, die Betten auszuschütteln wie Frau Holle. Später können Sie sich von Ihren Notizen leiten lassen und mehr dazu schreiben. Und vergessen Sie nicht, Ihr bester Freund beim Schreiben ist das Notizbuch.

Wenn Sie es den Ideen gestatten, frei hereinzufliegen, wie Schiller es beschreibt, und Sie diese erst später mustern, verändert sich auch Ihr Schreiben. Es ist wie im Frühling, da transformiert sich unsere Umwelt rasant – Tag für Tag. Die ersten Schneeglöckchen, Krokusse und Winterlinge lassen mein Herz höher hüpfen und wenn der Duft des Bärlauchs den ganzen Wald durchzieht, ist der Winter endlich zu Ende. Ich lerne neu sehen und streichele die ersten Buchblätter an den Zweigen.

Schreibimpuls (31)
Sehen lernen

Vorbereitung: Es geht jetzt zunächst nur ums Sehen, schreiben Sie noch nicht. Nehmen Sie einen alltäglichen Gegenstand — einen Kamm oder eine Wasserflasche. Platzieren Sie das Objekt auf einen leeren Tisch und setzen Sie sich direkt davor. Stellen Sie sich einen Wecker auf zehn Minuten. Bleiben Sie sitzen und schauen Sie den Gegenstand an, bis es klingelt. Rühren Sie sich nicht von Ihrem Platz, bis die Zeit abgelaufen ist. So lange haben Sie nichts weiter zu tun, als ihn zu betrachten. Mit den Augen. Starren Sie ihn an, achten Sie auf alle Einzelheiten, auf Farbe und Form. Seien Sie aufmerksam für jedes Detail, das zum Ganzen beiträgt. Lassen Sie sich durch nichts von dieser Aufgabe ablenken. Wenn eine Erinnerung auftaucht, versuchen Sie, sich wieder auf die rein äußerliche Betrachtung zu konzentrieren (für eine Rückschau ist später Zeit). Richten Sie Ihre Aufmerksamkeit nur auf das Objekt.

Zitat: Der Lyriker Werner Dürrson hat gesagt: *Schauen Sie so lange auf den Gegenstand, bis er zu sprechen beginnt.*[59] Erinnern Sie sich? Bei den „Helden des Alltags" sind Sie auch so vorgegangen.

---

59 Werner Dürrson bei einem Seminar, zitiert aus dem Gedächtnis.

Schreiben: Notieren Sie erst jetzt, was der Gegenstand Ihnen erzählt hat. Verwenden Sie sinnlich wahrnehmbare Details, die wir uns alle vorstellen können: Farben, Formen, Oberflächenstrukturen. Benutzen Sie konkrete Substantive und zeichnende Adjektive (keine behauptenden wie schön, alt oder wunderbar).

Bearbeiten: Hat Sie der Gegenstand an etwas erinnert? Setzen Sie erst jetzt Ihre Notizen mit Details fort, die Ihr inneres Auge wahrgenommen hat.

Gestalten: Versuchen Sie zum Schluss, sich die Struktur Ihres Textes zu vergegenwärtigen. Kommt eine Person darin vor? Wenn nicht, wo könnten Sie eine einbauen? Nehmen Sie eine zweite Figur hinzu. Lassen Sie die beiden etwas zueinander sagen.

Wenn Sie sich vom Sehen wieder wegbewegen und sich an Ihre anderen Sinneseindrücke halten, werden Sie merken, dass Sie für Ihre Worte einen Ort brauchen, an dem diese miteinander spielen können.

Schreibimpuls (32) [60]
Von Plätzen zu Schauplätzen

Vorbereitung: Notieren Sie zehn ganz gewöhnliche Orte wie zum Beispiel Küche oder Bäckerladen je auf einem kleinen Stück Papier. Falten

---

60 Idee nach Tanja Steinlechner, BVjA-Hauptseminar, Frankfurt a. M., 2022.

Sie die Zettel, sodass nicht zu lesen ist, was Sie geschrieben haben. Mischen Sie diese wild durcheinander.

Frage: Welchen Sinn beanspruchen Sie am wenigsten? Oder anders ausgedrückt: Welchen vernachlässigen Sie gerne? Schreiben Sie auf, welcher das ist. Halten Sie sich daran.

Schreiben: Ziehen Sie verdeckt einen Zettel mit einem Ort. Schreiben Sie nun eine Szene mit mindestens einer Person und stellen Sie den vernachlässigten Sinn in den Vordergrund. Übungshalber können Sie ruhig ein wenig übertreiben.

Der Sinn, den ich selbst gerne vernachlässige, ist der Tastsinn. Diesen hatte ich mir notiert. Wie aber lässt es sich tasten, zum Beispiel unter Wasser? Das war der Schauplatz, den ich zum Schreiben gezogen hatte. Zugegeben, nicht ganz gewöhnlich.

Beispiel: Meeresgrund [61]

Ihre Finger waren schrumpelig und aufgeweicht, als sie endlich unten ankam. Dreißig Meter. Sie strich über den weißen Sand, der aufwirbelte. Die Körnchen klebten zwischen den Fingern. Etwas lag unter dem Sand. Ledrig, lappig. Sie fasste danach. Es fühlte sich lebendig an. Ihr langer Daumennagel ritzte die dunkle Haut. Ein Tier? Es war warm, aber das konnte

---

61 Jutta Weber-Bock, unveröffentlicht.

nicht sein. Das Wasser war zu kalt. Ihre Stirn-
lampe warf Schatten, die sie nicht greifen
konnte. Der Sand wallte auf, hüllte sie ein und
ein Rochen segelte knapp über ihrem Kopf zum
Licht.

Wenn wir schreiben, erschaffen wir Räume. Manchmal
sind es erfundene, doch oft werden wirkliche Plätze
zum Mittelpunkt. Dabei kann es gelingen, reale Orte de-
tailgetreuer wiederzugeben, als es ein Foto könnte. Sie
als Autorin oder Autor vergrößern die Ansicht, verändern den Blickwinkel oder auch das Tastgefühl, holen
sich Geräusche und Gerüche.

Schauplätze sind aber nicht nur Kulissen, sondern haben einen eigenständigen Charakter, der sich mit Ihren
Figuren verbindet. Und vielleicht sind diese gerade
schräg drauf?

Schreibimpuls (33)
Weck den Clown in dir [62]

Vorbereitung: Gehen Sie eine Viertelstunde
spazieren und wecken Sie den Clown in sich.
Seien Sie albern und übermütig, hüpfen Sie wie
ein Kind auf einem Bein. Tanzen Sie wild wie ein
Affe, machen Sie sich dazu und lachen Sie über
sich selbst. Heben Sie winzige Steine auf und
werfen Sie diese in der Gegend herum.
Natürlich nicht auf Personen. Seien Sie für eine

---

62 Nach einer Ausschreibung zu einem Seminar mit David Gilmore,
Hospitalhof Stuttgart, März 2023.

Viertelstunde verrückt und entzückt, ver-
rücken Sie sich. Lachen und entzücken Sie sich
und andere.

Schreiben: Notieren Sie alles, was Ihnen einfällt. Wild und ungeordnet, wie Sie sich gefühlt
haben und es vielleicht noch sind.

Fragen: Wie ist es Ihnen als Kind mit der Figur
des Clowns ergangen? Mochten Sie ihn? Oder
war Ihnen das geschminkte Lachen zuwider?
Können Sie sich - zumindest für einen unbe-
obachteten Augenblick - leicht und unbe-
schwert fühlen? Wann haben Sie das letzte Mal
über sich selbst gelacht?

Bearbeiten: Bauen Sie Ihre Empfindung zum
Thema in Ihren Text ein und versuchen Sie, ihn
rund zu machen, das heißt, kommen Sie am
Ende auf den Anfang zurück.

Ziel dieser abschließenden Übung ist es, dass Sie sich
lebendig fühlen und Freude spüren. Und vielleicht gibt
Ihnen das Schreiben auch die Fähigkeit, mit sich und
dem Alltag gelassener umzugehen.

Machen Sie es wie Marcel Proust[63], der durch den
Geschmack einer in Lindenblütentee getauchten Made-
leine die Tage der Kindheit wieder auferstehen lässt.

---

63 Marcel Proust, Auf der Suche nach der verlorenen Zeit, verschiedene
   Ausgaben.

Zusammenfassung

Auf einer Wiese im leichten Frühlingsregen riechen die Wörter nach Hyazinthen, wildem Flieder oder Heckenrosen. Sie können auch rascheln wie Blätter im Herbstwind, nach Sahnesoße mit Knoblauch schmecken oder wie gebrannte Mandeln zwischen den Zähnen krachen.

Der Schriftsteller Laurie Lee führt das sinnliche Schreiben meisterhaft vor, wenn er dem Mädchen Ellie eine Tüte mit Krapfen gibt:

> „Sie biss ein zweites Mal kräftig zu, und ihre Zähne waren jetzt rot von Marmelade. Danach konnte ich Ellie nicht vergessen, und nachts hatte ich lebhafte Träume, in denen ihr fülliger brauner Körper und ihre knusprigen Rundungen halb Mädchen und halb Lebensmittel waren."[64]

Sie haben das sinnliche Schreiben in ersten Schritten erprobt. Seien Sie vor allem genau, machen Sie es wie Burkhard Spinnen. Lesen Sie bei ihm nach, wie er mehrere Seiten lang die Hauptfigur in seinem Roman „Langer Samstag"[65] einen Aufkleber ablösen lässt. Sicher kennen Sie es, wenn sich ein Preisschild partout nicht entfernen lassen will. Schreiben Sie dazu, wie Ihre Sinne und die Geduld strapaziert werden, und lachen Sie über sich.

---

64 Laurie Lee, Verzauberte Tage, Autobiographisches, München, 1977, Seite 59 f.
65 Burkhard Spinnen, Langer Samstag, Frankfurt a. M., 1995, Seite 275 ff.

Ausblick

Schreiben im Alltag? – Zeit finden! Dafür haben Sie Ihre persönlichen Weichen gestellt. Sie haben sich Zeit genommen und die Frist zum Schreiben bewusst begrenzt. Sie haben sich drei, fünf oder zehn Minuten nichts anderem als dem Schreiben gewidmet. Das ist im Alltag realistisch. Sie schaffen damit einen Raum für Ihre Kreativität und tun etwas, was Sie sich vorher nicht überlegen konnten.

In kurzen Geschichten müssen Sie keine Probleme lösen. Sie erinnern sich, aber nur für den Moment des Schreibens. Halten Sie Ihre Texte schlank und lernen Sie das Staunen wieder.

Beschaffen Sie sich Wolle zum Stricken oder holen Sie sich Bruchstücke aus dem Steinbruch des Lebens. Was Sie brauchen, sind Notizen, auf die Sie zurückgreifen können. Mit ein bisschen Übung fließen die Wörter schneller aus Ihnen heraus, als Sie diese aufschreiben können. Sie müssen nur den Schatz aus dem Unterbewusstsein heben und die Reichtümer ans Licht fördern.

Ans Licht gefördert habe ich beim Schreiben dieses Bandes eine versteinerte Libelle. Erst bei diesen Zeilen ist sie wieder ins Blickfeld gerückt. Jeden Tag hat sie zu mir und meinem Leben gehört. Ich hatte die Tafel an eine Ecke im Regal gelehnt, immerzu angeschaut und doch nicht gesehen. Dabei hat sie mich durch die Schreibtage begleitet. Dankbar streiche ich jetzt über

Flügel und Körper. Sie fühlen sich echt an. Und im Tasten lerne ich neu sehen. Plötzlich fällt mir auch die Klassenreise am Ende meiner Realschulzeit wieder ein. In einem Urweltmuseum konnte ich damals nicht an dieser Libelle vorbeigehen und habe das ganze Taschengeld in sie investiert. Es hat sich gelohnt, denn jetzt ist sie zu mir zurückgekehrt und hat mich das Staunen gelehrt.

Ein Tipp: Wenn Sie in Wien sind, gehen Sie bei Dunkelheit ins Museumsquartier. Fahren Sie mit einem der gläsernen Lifte auf das Dach des Leopoldmuseums. Das MQ Libelle wartet auf Sie. Wie die Flügel einer Libelle schwebt dort eine Lichtinstallation über der Stadt. Ich wünsche Ihnen Texte, leicht und schwebend, wendig und schnell wie Libellen es sind. Lassen Sie sich verzaubern und erzählen Sie sich verrückte Geschichten.

Ich lade Sie ein zu meinem zweiten Band in der Serie „Autobiografisches Schreiben" im Rahmen der Reihe *Schreibratgeber Libelle*. Seien Sie gespannt, was der Titel „Lebensgeschichten schreiben? – Vom Ende zum Anfang!" für Sie bereithält. Lernen Sie mehr aus dem Koffer des Schreibhandwerks kennen und schöpfen Sie aus ihm.

Auf ein kreatives Wiedersehen!

Literaturhinweise

Zitierte Literatur im Überblick

Ilse Aichinger, Der Gefesselte, Erzählungen, Frankfurt a. M., 1963.

Roberta Allen, Literatur in 5 Minuten, Ein Schnellkurs, Frankfurt a. M., 2002; Fast Fiction: Creative Fiction in Five Minutes, 1997.

Anthologie 2021, Autorinnenvereinigung e. V., Norderstedt, 2021.

Matsuo Bashô, Auf schmalen Pfaden durchs Hinterland, aus dem Japanischen übertragen sowie mit einer Einführung und Annotationen versehen von G.S. Dombrady, Mainz, 2014.

Samuel Beckett, Die Welt und die Hose, Frankfurt a. M., 1990.

Heinrich Böll, Irisches Tagebuch, verschiedene Ausgaben.

Julia Cameron, Der Weg des Künstlers, München, 2001.

Paul Celan, Von Schwelle zu Schwelle, Gedichte, Stuttgart, 1955; Von Schwelle zu Schwelle, Vorstufen – Textgenese – Endfassung, bearbeitet von Heino Schmull, unter Mitarbeit von Christiane Braun und Markus Heilmann, Frankfurt a. M., 2002.

Dejan Enev, Zirkus Bulgarien, Geschichten für eine Zigarettenlänge, Wien, 2008.

Gerhard Falkner, so beginnen am körper die tage. gedichte und aufzeichnungen aus einem kalten vierteljahr, darmstadt und neuwied, 1981

Heiner Feldhoff, Kafkas Hund oder Der Verwirrte im Sonntagsstaat, Tübingen, 2001.

Heiner Feldhoff, Becketts Hose, Tübingen, 2015.

Theodor Fontane, Effi Briest, verschiedene Ausgaben.

Nathalie Goldberg, Schreiben in Cafés, Berlin, 2003.

Stephen W. Hawking, Einsteins Traum, Hamburg, 1993.

Franz Hohler, Fahrplanmäßiger Aufenthalt, München, 2020.

Hartmut Lange, Irrtum als Erkenntnis, Meine Realitätserfahrung als Schriftsteller, Zürich, 2002.

Siegfried Lenz, Selbstversetzung, Über Schreiben und Leben, Hamburg, 2006.

Ulrich Liebnau, EigenSinn, Frankfurt a. M., 1995.

Lyrik der Gegenwart[71], Feldkircher Lyrikpreis 2017, Erika Kronabitter (Hg.), st. wolfgang, 2017.

Lyrik der Gegenwart[95], Feldkircher Lyrikpreis 2020, Erika Kronabitter (Hg.), st. wolfgang, 2020.

Katherine Mansfield, Das Gartenfest und andere Erzählungen, verschiedene Ausgaben.

Mauerläufer 18/19, 5. Literarisches Jahresheft, Ravensburg, 2019.

Mauerläufer 19/20, 6. Literarisches Jahresheft, Ravensburg, 2020.

Karl Pfaff, Geschichte der Stadt Stuttgart, Zweiter Teil, 1651–1845, Kapitel 4, Jahrgänge und Witterung, merkwürdige Naturereignisse, Feuersbrünste, Seuchen und andere Unglücksfälle, Stuttgart, 1846.

Kathrin Pläcking, Zettelgeschichten, Freiburg, 2009.

Marion Poschmann, Die Kieferninseln, Berlin, 2017.

Rainer Maria Rilke, Die Gedichte, Frankfurt a. M., 1986.

Walle Sayer, Was in die Streichholzschachtel paßte, Tübingen, 2016.

Friedrich Schiller, Briefe über die ästhetische Erziehung des Menschen, Brief an Gottfried Körner, 1. Dezember 1788.

Segeberger Briefe, Zeitschrift für Kreatives Schreiben, No. 102 und 103, Kassel/Kaufungen, 2021.

John Steinbeck, Die Straße der Ölsardinen, München, 2010.

Sibylle Thelen (Hrsg.), Der Lorbeerkranz und andere Dinge des Lebens, Was Autoren im Alltag fasziniert, Stuttgart, 2001.

Mark Twain, Tom Sayer, Bindlach, 1988.

Jan Wagner, Die Live Butterfly Show, Gedichte, München, 2018.

Jutta Weber-Bock, Wir vom Jahrgang 1957, Kindheit und Jugend, 10. Auflage, Gudensberg-Gleichen, 2020.

Jutta Weber-Bock, Das Mündel des Hofmedicus, Meßkirch, 2020.

Judith Zander, oder tau, Gedichte, München, 2011.

Schreibratgeber

Jörg Ehrnsberger, Erzählen, Reihe Phänomene, Bern, 2020.

Katrin Girgensohn, Ramona Jakob, 66 Schreibnächte, Anstiftung zur literarischen Geselligkeit, Ein Praxisbuch zum kreativen Schreiben, Eggingen, 2001.

Elizabeth George, Wort für Wort oder Die Kunst, ein gutes Buch zu schreiben, München, 2004.

Eleonore Wittke, Gut und kurz: So will ich schreiben: Anekdoten, Impressionen, Skizzen - Wege zu kreativen Texten, Norderstedt, 2022.

Dank

Dieses Buch widme ich den Teilnehmerinnen und Teilnehmern des Schreibkurses „Schreiben im Alltag? – Zeit finden!" am Hospitalhof Stuttgart.

Ich freue mich sehr, dass sich einige von ihnen außerhalb des Kurses zusammengeschlossen haben, um sich dem Schreiben intensiver zu widmen.

Aus diesem Austausch ist eine Anthologie entstanden, die einen lebendigen Querschnitt an Ideen, Texten und Themen bietet. Schauen Sie doch mal rein und lassen Sie sich verführen:

„dem vogel geht es gar nicht gut", anthologie
Mit Beiträgen von Marion Fährmann, Eva-Marie Feine, Babette Fritzsching, Ina Jacoby, Monika Rapka, Sylvia Runkel und Katja Schöll.
Norderstedt, 2024.